ニッポンの裁判

瀬木比呂志

講談社現代新書

2297

はしがき――ニッポンの裁判

あなたがたは、みずからの裁きによって裁かれ、
みずからの秤《はかり》によって量《はか》られる

マタイによる福音書第七章第二節

本書は、『絶望の裁判所』(〔講談社現代新書、二〇一四年〕以下、本書では『絶望』として引用する)の姉妹書である。『絶望』が制度批判の書物であったのに対し、本書は、裁判批判を内容とする。つまり、両者は、内容は関連しているが、独立した書物である。もっとも、双方の書物を読むことでより立体的な理解が可能になることは間違いがない。その趣旨から、本書では、前記のとおり、『絶望』を適宜引用している。

より具体的に述べよう。『絶望』は、もっぱら裁判所、裁判官制度と裁判官集団の官僚的、役人的な意識のあり方を批判、分析した書物であり、裁判については、制度的な側面からラフスケッチを行ったにすぎなかった。これに対し、本書は、そのような裁判所、裁判官によって生み出される裁判のあり方とその問題点について、具体的な例を挙げなが

ら、詳しく、かつ、できる限りわかりやすく、論じてゆく。

裁判所、裁判官が国民、市民と接する場面はまずは各種の訴訟であり、その結果は、判決、決定等の裁判、あるいは和解として実り、人々を、つまりあなたを拘束する。その意味では、裁判や和解の内容こそ国民、市民にとって最も重要なのであり、制度や裁判官のあり方は、その背景として意味をもつにすぎない。

しかし、裁判の内容を正確に理解するのは、それほどやさしいことではない。法学部や法科大学院の学生たちにとってさえ、最初のうちはそうである。私が、裁判の分析に先行して、まずは、誰にとってもその形がみえやすくその意味が理解しやすい制度の分析を行ったのは、そうしておかないと裁判の内容の理解も難しいからということが大きい。

そして、日本の裁判の内容は、実は、一般市民が考えている以上に問題が大きいものなのだ。そのことは、弁護士を含む法律実務家（以下、本書では、この意味で、「実務」、「実務家」という言葉を用いる）にも、あるいは十分に理解されていないかもしれない。学者も、それぞれの専門分野のことはよく知っていても、全体を見渡す視点まで備えているとは限らない。ましてや、メディア、ことにマスメディアの司法や裁判に対する理解は、本書でも述べるが、一般的には、かなり浅いのが普通だ。

以上のような意味では、おそらく、日本の裁判全体の包括的、総合的、構造的な分析も、これまでに行われたことはあまりなかったのであり、本書の内容に驚愕《きょうがく》され、裁判に対する認識を改められる読者は多いはずである。

書物の構成について簡潔に解説しておく。

まず、第1章、第2章では、私の、三三年間の裁判官としての経験とそれと並行して進めてきた学者としての研究に基づき、裁判官の判断構造の実際を、機能的に、また、リアリスティックに分析する。そして、裁判の内容は、裁判官の人間性や能力によっていくらでも異なりうることを、具体的なケースに触れながら明らかにする。

第3章から第5章までは本書の中核部分であり、詳しくわかりやすい記述に努めている。第3章では刑事裁判〔冤罪《えんざい》と国策捜査〕について論じる。第4章、第5章は広い意味での民事系の裁判を対象としている。第4章では、名誉毀損損害賠償請求訴訟、原発訴訟という二つの訴訟類型を中心に、最高裁判所事務総局が下級審の裁判内容をコントロールしてきたことについて述べ、第5章では、行政訴訟、憲法訴訟等官僚裁判の弊害が顕著ないくつかの訴訟類型を選んで分析する〔最高裁判所事務総局は、裁判官と裁判所職員に関わる行政、すなわち「司法行政」を行うことを目的とする最高裁判所内部の行政組織であり、人事局等の純粋行政系セクション〔官房系に相当〕と民事局、行政局、刑事局等の事件系セクションとに分かれている。『絶望』一八頁以下〕。

第6章では、裁判官の手の内を明かしつつ、日本の裁判官が行う和解の国際標準を外れた実態とその裏面について、掘り下げた検討を行う。これは、あなたが民事訴訟の当事者となる場合には、ぜひとも知っておくべき事柄である。

第7章では、日本の裁判がなぜ事なかれ主義、先例や権威追随志向のものになるのかを構造的に説き明かす。この章の内容には当然制度的な分析を含むが、『絶望』では触れなかった側面を中心に、「裁判」に関連する限りでかつそのような角度から論じてみたい。

第8章では、『絶望』の読者から寄せられた疑問の一つ、日本の司法をよりよいものにしてゆくために一般市民は何ができるのだろうかという問いかけに、可能な限り具体的に答え、併せて、裁判官の人間としての側面、その孤独と憂鬱《ゆううつ》について語っておきたい。私が、ただ裁判官を批判するだけの学者ではないことが、おわかりいただけるはずである。

ところで、『絶望』は、司法、法律系の一般書としてはほとんど初めてといってよいほどの大きな反響を呼んだ。新聞、雑誌、テレビ、ラジオからウェブマガジンまで、私が知る限りでも四〇以上のさまざまなメディアが本書を取り上げたのである。国際的にも反響が大きく、韓国最高裁は留学中の裁判官に命じて至急一〇冊を送らせたというし、また、出版の五か月後にはいち早く韓国語版が刊行されている。アメリカ等の海外メディアからの取材、照会も入るようになり、私は、アメリカのロースクールにおける日本法研究者にも複数の知己を得ることができた。

それはなぜだろうか？

二つの理由が考えられると思う。

一つは、日本の裁判所、裁判官が抱えるさまざまな問題を、インサイダーとアウトサイダー双方の視点から包括的、構造的に批判、分析した書物がそれまでに存在しなかったことによるのではないだろうか。

もう一つの理由は、司法、裁判に対する人々の不信と不満が耐えがたいほどに鬱積《うっせき》していたことによるのではないだろうか。

民事訴訟は、いずれかが勝ち、いずれかが負けるものだから、その利用者の満足度（訴訟制度に対する満足度）は、本来なら五〇％に近くてよいはずであり、これが三三％を割れば、かなり危機的な状況であろう。ところが、日本における広範なアンケート調査の結果は、実に一八・六％（二〇〇〇年度）にすぎなかったのであり（『絶望』五頁）、法曹界がタイアップしたその後の二回の調査でも、その数値は、二四・一％（二〇〇六年度）、二〇・七％（二〇一一年度）と、ほとんど改善していない（日本弁護士連合会編著『弁護士白書』二〇一二年版六二頁）。

しかも、この間、地裁民事訴訟事件新受件数は二〇〇九年度をピークとして、訴訟事件以外の事件をも含めた地裁民事事件全新受件数は二〇〇三年度をピークとして、いずれも減少しており、二〇一三年度には、前者はピーク時の六七・五%、後者はピーク時の四五・一%という有様なのだ（『絶望』一六〇頁に示した二〇一二年度の数字からさらに大幅に減少）。また、私が転身した二〇一二年ころの民事訴訟は、難しい事件の割合が目にみえて減ってきており、国民の訴訟離れの傾向が、実感としても感じられるようになっていた。

司法制度改革が行われ、弁護士数は激増、裁判官数も相当に増加している状況下の以上のような惨憺《さんたん》たる数字は、司法、裁判に対する人々の深い失望を現しているとみるほかないであろう。日本の裁判所、裁判官に、また、司法と裁判に「絶望」しているのは、おそらく、私だけではない。

本書も、『絶望』同様、国民、市民が司法の機能とその実態を知り、それを継続的に監視するとともに、それをよりよいもの、真に国民、市民のためのものとしてゆくために必要な、基本的な知識と視点を提供するための書物である。

『絶望』同様、大きな情報をコンパクトに凝縮した密度の高い記述を行っているので、じっくり読み込んで、司法、裁判に対する自分なりの見方をもち、それに適切に対処できる市民となるための一助としていただきたい。

それでは始めよう。

目次

第1章　裁判官はいかに判決を下すのか？

――その判断構造の実際

裁判にはどんなものがあるか？　三審制は国際標準か？

まず、裁判の種類と主要な類型を頭に入れておいていただきたい。

裁判には、その種類からすると、判決、決定、命令がある。判決は一般的なもので、その名称は誰でも知っているだろう。権利義務の存否の確定や有罪無罪の確定はこの裁判による。通常の訴訟について、口頭弁論と呼ばれる厳格な（あなたが映画やテレビで見ているような）公開法廷での審理を経た上で行われる裁判であり、法廷で言い渡されることによって効力を生じる。

決定、命令については必ずしも口頭弁論を経る必要がない。決定は、手続的な事項についての裁判、あるいは、民事保全、民事執行等の「狭い意味での訴訟手続以外の手続」における裁判である。もっとも、民事保全の決定などは、その実際上の重みからすれば判決と変わりのない場合がある（『絶望』二二頁）。命令は、裁判所としての資格に基づく裁判ではなく、裁判官としての資格に基づく裁判だが、一般読者にとってさほど重要な概念ではない（こうした細かな、しかしわかりにくい概念を正確に説明すると大変な行数を食うので、以下、この種の概念の説明は原則として省略する）。

次に、裁判の主要な類型ないし分野について説明する。

刑事裁判が一番わかりやすい。犯罪があったところには必ず刑事裁判があったはずであり、そうした意味では、刑事裁判の起源は、モーセの十戒にまでさかのぼり、民事裁判より古いかもしれない。普通の人が裁判といえばまず刑事裁判を思い浮かべるのも、このことによるだろう。刑事裁判は裁判官、ことに若手には人気がないという記述（『絶望』六八頁以下）は、一般読者には意外なものだったようである。

民事訴訟は、大きく、通常民事訴訟、行政訴訟、人事訴訟に分かれる。行政訴訟は公権力と私人の関係を取り扱うものであり、人事訴訟は離婚等の人の身分関係を取り扱うものだ。手続のベースはいずれも民事訴訟法であり、大差はない。人事訴訟は、かつては地裁で行われていたが、二〇〇四年以降は家裁で行われるようになった。

関連して、上訴制度についても触れておこう。日本では裁判は三回争えるものという通念が強いが、実は、これは、必ずしも一般的なことではない。まず、刑事裁判については、無罪判決に検察が上訴できる日本はむしろ例外であり、無罪判決には検察は上訴できないというのが今日の国際標準である。有罪無罪の判断につき陪審員の評決にゆだねて裁判官が関与しない陪審制がとられているアメリカ、イギリスなどの英米法系諸国では元々そうだし（市民の判断を尊重）、ドイツ、フランスなどの大陸法系諸国でも、刑事裁判への市民の司法参加の制度導入に伴い、そのような流れになっている。

『絶望』(七一頁)にも記し、本書第3章でも論じるとおり、日本の刑事司法が徹底した検察主導で行われており被告人が無罪判決を得るのが著しく難しいことに照らせば、日本では、一層、無罪判決に対する上訴を認めるべきではないだろう。裁判員裁判による無罪判決についてはなおさらのことだ。ここは法改正が必要である。

民事訴訟については、国によって制度がかなり異なる。日本では、第一審のみならず、控訴審も事実審(事実認定を行う裁判所)であり、上告審だけが法律審である。

しかし、たとえば、アメリカでは、事実審は第一審に限られ、控訴審は、原則として、第一審の事実認定に基づき法律問題を審理するだけだ。したがって、上訴で原判決をくつがえすのは、日本の場合以上に難しい。これは、おそらく、アメリカの制度のでき方が陪審制を前提としていることと関連がある。実際には、アメリカでも、民事陪審はそれほど行われていないのだが、手続法(訴訟法)に対する陪審制の影響は、民事でも大きいのだ。なお、民事陪審の場合には、事実問題と法律問題を分け、それぞれを陪審と裁判官の判断にゆだねている。複合問題の場合には両者の共同作業となる。

一方、大陸法系諸国では、金額による上訴制限があったり(少額訴訟では控訴や上告に何らかの制限を設ける)、最高レヴェルの裁判所がフランスの破毀《はき》院のようにもっぱら法律解釈の統一を目的とした特別な裁判所であって、法的性格からいえばむしろ二審制とみるほうが適切な国があったりで、多様である。

日本の場合、一九九八年に現在の民事訴訟法が施行されるまでは上告制限がなく、どんな事件でも上告できたのだが、これは、比較法的には非常に特異な制度であり、最高裁判所の負担加重を招いていた。そこで、現在の民事訴訟法では、憲法違反や重大な手続違背以外については上告受理の制度を設け、上告受理の申立てを受理するか否かを最高裁判所の裁量にゆだねている。重要な法律問題を含むと判断された上告受理の申立てのみが受理されるわけである。

このように、法制度、また、法的なものの見方、考え方、価値観、すなわち人々の法意識は、国によって非常に大きく異なる。日本の一般市民のみならず、実務家が当然の常識と考えていることでさえ、国際的にみれば全くそうではないということが、司法、裁判の領域ではままあるのだ。つまり、司法、裁判は文化に深く関わるということである。

それでは、司法制度全体の中でみて最も重要な審級はどれだろうか？　これは、間違いなく第一審である。最も多数の事件が係属し、したがって国民、市民の生活に最も深く関係するのが第一審だからである。最高裁に対する意味で高裁や地裁を下級審というが、下級審こそ司法、裁判の生命線であることは『絶望』（二一五頁）にも記した。

日本の場合、新しい方向を示す民主的な判決は地裁に最も多く、また、第5章で述べるとおり最高裁判所が憲法裁判所としての機能をろくに果たしていないので、その重要性は、比較法的にみても相当に低い。まことに残念ではあるが、日本の最高裁判所は、その内容からすると、むしろ、「最低裁判所」と評価するほうがふさわしいような判決さえ下しているのである（本書第4章、第5章、『絶望』一二〇頁以下）。なお、モラルやコンプライアンス（法令遵守）という側面でも、現在の最高裁判所事務総局の状況は相当にひどい（本書第7章、第8章、『絶望』第1章ないし第3章、第6章）。要するに、日本の最高裁判所に大きな幻想を抱くべきではない。

また、判決というものは、それなりの審理を経て下されるものだから、いったん出てしまうと、一見しておかしな内容でない限り、これをくつがえすことはかなり難しい。アメリカに限らず、控訴審で第一審判決をくつがえすには、第一審で勝訴するよりも相当に大きなエネルギーと労力を要するのが普通だ。その意味でも、第一審は非常に重要なのである。

裁判官の判断は積み上げなのか直感なのか？　FBI心理分析官による分析との共通性

裁判の中身は、訴訟当事者（以下、単に「当事者」という。これには、当事者本人を指す場合と、弁護士をも含めていう場合とがある）の主張、すなわち「事実」、そして、裁判官の判断、すなわち、結論である「主文」とその根拠を示す「理由」とから成り立っている。理由の中身は、事実認定と法的判断から成る。事実認定とは、当事者の主張する事実があったかなかったか、事実関係に関する双方の言い分のいずれが正しいかということであり、法的判断とは、認定された事実を法律に当てはめるとどうなるかということである。

事実審の判決では、圧倒的に重要なのは事実認定であり、法律上の論点が先鋭な問題になるケースはまれであるといってよい。ロークラーク（アメリカにおける裁判官の補佐官、ロースクールを優秀な成績で卒業した人々が就く。『絶望』三二頁、二二六頁）や弁護士等の経験があることが多いアメリカの学者と異なり、日本の学者の多くはこのことを必ずしも十分に理解していないため、判例における事実認定の分析が甘くなりがちである（なお、判例とは、判例集や判例・法律雑誌掲載により先例としての一定の価値が認められた裁判のことである）。

さて、裁判官の判断過程についてリアリズムで考えてみよう。裁判官の判断は、判決に記されているように、個々の証拠を検討して、あるいはいくつかの証拠を総合評価して断片的な事実を固めた上でそれらの事実を総合し再構成して、事実認定を行い、それを法律に当てはめて結論を出しているのだろうか？　それとも、そのような積み上げ方式によってではなく、ある種の総合的直感に基づいて結論を出しているのだろうか？

ここは考え方が分かれるところだが、私は後者であると考えており、裁判官、元裁判官にもこの考え方は多いはずである。学者では、戦後の民法学、法社会学、ことに後者についての代表的存在であった川島武宜《たけよし》教授（東京大学）が、はっきりとこちらの考え方をとっている（『川島武宜著作集』〔岩波書店〕第五巻二七九頁以下）。

つまり、裁判官は、主張と証拠を総合して得た直感によって結論を決めているのであり、判決に表現されている前記のような思考経過は、後付けの検証、説明にすぎない。

近年の脳神経科学の研究成果（私の『民事訴訟の本質と諸相――市民のための裁判をめざして』〔日本評論社、二〇一三年〕七八頁以下参照）も、これを裏付けている。ことに、ノーベル賞学者ジェラルド・M・エーデルマンは、創造的思考、選択主義的思考（パターン認識）は直感に深く関わっており、論理的思考は主として検証のためのものであると明言している（『脳は空より広いか――「私」という現象を考える』〔草思社〕一七七頁）。意識の帯域幅はきわめて狭く、人間の創造的活動の大部分は無意識レヴェルで行われるという科学ジャーナリストの見解（トール・ノーレットランダーシュ『ユーザーイリュージョン――意識という幻想』〔紀伊國屋書店〕）も、こうした考え方に沿うものであろう。

「訴状を見れば勝敗の予想は九割方つく」と豪語したあるヴェテラン裁判官がいた。これはいいすぎだと思うが、私も、訴状、答弁書、双方の準備書面二通くらい、そして、双方の主要な書証（書面の形式による証拠であり、実際の訴訟では証拠の大半がこれに当たる）を見れば、七、八割方の予想はつくと思う。実際、このような段階で直感的に得られた心証がその後の審理でくつがえることはかなり少なかったとも思う（なお、「心証」とは、裁判官が審理の過程でその心中に形成する事案についての認識ないし確信のことである）。もっとも、最後に証人や当事者本人（人証《じんしょう》という）の尋問を行うまで判断がつかないという事件も、二、三割は存在した。

もちろん、裁判官が審理のある段階で得た以上のような最初のまとまった心証については、裁判官は、その後の審理の中で、それが本当に正しいものであるか否かを注意深く検証し続けなければならない。このことも当然である。最初の直感に自信をもちすぎることはきわめて危険であり、民事でも刑事でも、誤った裁判の原因になりやすい。

それでは、前記の直感的判断はどこからくるのか？　これは、私は、明らかに無意識の領域から上がってくると感じていた。研究、執筆等々の創造的活動において無意識からくる直感が大きな役割を果たすことは、科学者を含め多数の人々が認めている。エーデルマンのいうとおり、創造的思考は直感に深く関わっているのだ。そして、そのことは、裁判においても、おそらく、何ら変わりはない。ただ、主張と証拠が裁判官の外側から与えられる点が異なるだけである。

裁判官は、たとえば、主張が全体として一貫しており、理解しやすいものであるか（無理な主張は、その無理をつくろうために種々弁解や説明を行わなければならないことから、わかりにくいものになりやすい）、不審、不可解、説明不足な点はないか、重要な証拠との整合性は取れているか、あってよいはずなのに欠落している証拠はないか、書証の記載内容に問題はないか、などといった事柄を中心に主張と証拠を検討してゆくわけであるが、実際には、審理を進めていると、ある時点で、「ああ、そうか」と事件の全体像がみえてくることが多い。いわば、ふっと「わかる」のである。こうした頭脳の働き方のメカニズムと、研究、執筆等々の場合の前記のような頭脳の働き方のメカニズムとの間に、おそらく、本質的な相違はないと思う。

人間の一次的な判断は直感によるものだということを示す一つの極端な例として、ヒヨコの雌雄の見分け方のうちの、総排泄腔による鑑別（肛門鑑別法）が挙げられる。これは、前記のパターン認識が鍵となる方法なのだが、普通の人には全くわからない。実は、見分けている人々も、鑑別基準の具体的な説明をすることが難しく、徒弟制度によって学ぶしかない鑑別法といわれる。論理的思考による検証さえ困難ということである。

ヒヨコの雌雄鑑別はその対象が簡単な事柄だが、もっと複雑で、裁判における総合的直感に基づく判断により近いものとしては、たとえば、FBI行動科学課の捜査官でプロファイリング（心理学的分析による犯人像割出し法）の専門家であったロバート・K・レスラーの方法（『FBI心理分析官』、『FBI心理分析官2』〔ともにハヤカワ文庫〕）が興味深い。レスラーのプロファイリングの方法は、きわめて綿密な実証主義的推認である。一方では、犯罪に関わるあらゆる情報を総合的に分析し、それらの情報を、たとえば犯罪現場の状況等の非常に多数の項目にわたる過去の膨大なデータと照らし合わせながら、他方では、つちかわれた勘、直感と心理学的な知識に基づきつつ、犯人像を絞り込んでゆく。二冊目の書物にある、限られたデータからの、一九九四年のつくば母子殺人事件（医師が妻子を殺害）の分析など、実に鮮やかなものである。これらの書物には出ていないが、一九九七年の神戸連続児童殺傷事件（酒鬼薔薇《さかきばら》少年事件）についてもプロファイリングを行い、年齢こそ三年ほど違ったものの、多くの点で実際と合致する推測を立てていたという。

　レスラーの方法の基本は、専門的な経験則、すなわち、経験を総合して得られた物事に関する法則によりながら、犯人像を徹底的に「外側から」想像してゆくことにある。彼は、犯罪者の内面には、必要な限度でしか立ち入らない。その方法は、私のみるところ、民事訴訟における裁判官の事実認定の技術に近い部分が多いように思われる。類似事案と記憶上のデータに基づく綿密な推認、人間行動や心理の内在的理解よりは、証拠と照らし合わせて整合性があるかどうかをみる、視点を広くとった、外側からの客観的理解といった部分が、非常によく似ているのだ。

　なお、私は、裁判における事実認定はなるべく個人の内面的な領域の事柄には触れないで行うべきだと考えている。離婚訴訟を例に取れば、証拠から確実に認定できる客観的事実を中心に事実を組み立て、夫や妻がどう思ったとかどう感じたとかいった内面的な事柄には必要最小限にしか立ち入らない。民事訴訟であってもやはり国家の権力作用という側面はあるのだから、そうした内面の領域にみだりに立ち入るべきではないし、そのような視点から事実認定を行うと、いずれかの言い分に足を取られて判断を誤ることになりやすいからである。事実認定は、小説でもエッセイでもないのであり、それらに似た印象を与える事実認定は要注意であることが多い。

レスラーの犯罪分析についても、同様に、客観的要素が強い。たとえば、一九八〇年代末の幼女連続誘拐殺人事件における犯行後の犯人（宮崎勤）の行動（被害者の親に対する手紙や遺骨の送り付け）については、性的なサディズムに基づくものであり、被害者に続いて両親を痛め付けることによって快楽を得ているのだ、ときわめて簡潔かつ的確に分析する。彼は、日本の識者がよくやったように手紙の個々の文言等に立ち入ることはしない。そうではなく、あくまで、外側から、機能的に、行為の意味を見詰めるのである。

判決の役割とそのあるべき姿

さて、それでは、判決の内容がもっぱら事実と論理の演繹《えんえき》的な積み上げによって書かれているのはなぜだろうか？

それは、判決が、以上のような直感的、総合的判断を事後に論理的に検証しながら書かれるものだからである。つくば母子殺人事件についてのレスラーの鮮やかな分析も、同様に、膨大なデータ、知識、経験に裏付けられた彼の直感を後から論理的に説明したものであろう。

以上のような意味では、判決は、裁判官の判断の後付けによる検証、説明、正当化であるともいえよう。要するに、人間の思考は、まず結論があって後からその検証、理屈付けが行われるのであり、裁判の場合もその例外ではない。なお、人間の思考において結論が理由付けに先行する理由については、進化論的にも説明されることがある。目前に虎やライオンが現れたとき、どうすべきかの結論を決める前にその検証、理屈付けを行っていたら、自然淘汰に勝ち残れないことは明らかであろう。

判決のこうした性格を考えるならば、判決のあるべき姿も、おのずから明らかになるだろう。基本的には、民事の判決でも、「長く細かく」ではなく、「できる限り正確に、明晰に、読みやすく、そして、可能な範囲で短く」あることが適切だ。そして、判断のかなめとなる中核部分については、その理由付けを、立体的、多角的に詳しく記すことが望まれる。

日本の判決は、刑事の有罪判決の場合、右のような中核部分の記述を含め、木で鼻をくくったような簡単なものであることがかなり多い。これは、弁護士に付け入るすきを与えまいという刑事系裁判官の防衛反応の現れであろう。また、「やにわに劣情をもよおし（強姦）」、「語気鋭く申し向けて脅迫し（脅迫）」等の、起訴状と同一の紋切型表現もままみられる。このような表現それ自体が、紋切型の「有罪のレトリック」、「有罪のエクリチュール（言説《げんせつ》のイデオロギー性を明らかにするような語り方のスタイル、言葉の調子や用い方の一般的な選択。ロラン・バルト）」なのだが、日本の刑事判決は、検察官のそうした表現をそのままに引き継いでいる場合が多いことに注意してほしい。

一方、民事の判決については、必要以上に長くて読みにくいが、訴訟の肝心な争点についてはやはりそっけない形式論理だけで事務的に片付けてしまっているものがかなり多い。のっぺりした官僚の作文ということである。

日本の弁護士は長くて細かい判決を好む傾向が強い。これは、そのほうが控訴理由が書きやすいということもあるが、より根本的には、日本人特有の、いわば「べったりリアリズム」とでも呼ぶのがふさわしいものの見方、事実は誰にとっても一つでありかつそれは究明できるはずであるという素朴な認識論（事実認識の相対性を認めない認識論）に由来する事柄のように思われる。なお、この「べったりリアリズム」は、本来のリアリズムとは異なる一つの土着的なものの見方である。つまり、自己と世界あるいは他者を区別せず、みずからの具体的な経験を無媒介に法則化する考え方である。このような認識のあり方に対する内省と批判は、戦後日本思想史における大きな課題の一つであった（久野収ほか『戦後日本の思想』〔講談社文庫〕一八七頁）。

そして、実際には、国民、市民一般のレヴェルと比較するならば、現在では、むしろ、裁判官や弁護士のほうが、前記のような意味での「一つしかない事実、真実」に対するこだわり、べったりリアリズム的傾向が強いのではないだろうか？　事実の細部にこだわる傾向は、年長の実務家ほど強く、また、職人的な傾向が強いタイプの実務家ほど強いのが一般的である。これが、日本の裁判に特有のものであるといわれる、いわゆる「精密司法」的傾向（これは、元々は刑事裁判について使われた言葉だが、民事裁判にも同様の傾向はある）なのだが、実をいえば、それが真実に近いという保証は必ずしも存在しない。むしろ、重箱の隅をつつくような事細かな記述は、判断の欠陥を隠蔽《いんぺい》する役割を果たす場合も多いのである。

私は、裁判官には事実認定に当たって謙抑的であることがまず要請されるのであって、過度の精密司法的傾向は、パターナリズム、父権的干渉主義におちいりやすいのみならず、客観的な事実とは異なる誤った事実認定を導く危険性もあるのではないかと考えている。人間の主観に関わる事柄については、ことのほかその危険性が大きい。

裁判は、まずは当事者のためのものであり、法律家自身の満足のためのものではない。

事実認定のあり方、判決書のあり方についても、基本的には、国民、市民一般の意識に合わせたものであることが望ましいと考える。

裁判官の総合的能力と人間性の重要性

以上のような裁判官の判断構造の分析の結果は、どのようなことを示唆するのだろうか？

それは、おそらく、裁判官の、一般的・法的能力、洞察力、識見とヴィジョン、謙虚さ、人権感覚、民主的感覚等の重要性ということであろう。

裁判官の判断が、裁判官のあらゆる能力、もちあわせている知識、経験、人間や社会に対するものの見方、人権感覚等の総合的な函数であるならば、知的能力だけは高くても冷たくエゴイスティックな裁判官が人々にやさしい判断を下すわけがないし、人はよくても能力や総合的なヴィジョンに欠ける裁判官が社会のあるべき方向を指し示す判決を下すことも難しいであろう。

ここに、キャリアシステムの一つの大きな問題点がある。キャリアシステムというのは、広い意味では、公務を生涯の職業として保障する制度一般を指すが、法律実務家についていえば、司法試験に合格した若者が司法修習を経てそのまま裁判官・検察官になる官僚裁判官・検察官システムをいう（『絶望』三四頁）。日本のピラミッド型キャリアシステムの下では、当事者を訴訟記録の片隅に記されているただの記号としかみない、また、普通の人々の心の持ち方や動き方がさっぱりわからない裁判官が発生しがちであり、裁判官の能力やモラルが落ち込むと、その傾向が一気に加速されやすい。

第2章でさらに詳しく論じるが、裁判官について、事実と主張を放り込めばそれらを分析し法律に当てはめて均一な結果を出してくれる一種の「人間機械」であるかのように考えている人々は、日本では、一般市民のみならず、弁護士や法学者の間にも結構多いのだ。裁判官の黒い法服も、日本の裁判所の薄暗くて人を寄せ付けないような建物の雰囲気も、その傾向を助長している。

私は、裁判官時代から日本の法服が好きになれず、その理由はそのアグリーなデザインによることだと思っていたが、今になって考えてみると、その違和感は、むしろ、法服をまとうことによって自分が法廷で「人間機械」として認識されることになるという事実によるところが大きかったのかもしれない。まるで銃眼のうがたれた灰色の要塞のような最高裁判所の建物のデザインも、そのようなデザインを選択した人々の司法官僚としての「人間機械」性を象徴しているように感じられる。

しかし、裁判官を人間機械のようにみる考え方は明らかに誤りである。実際には、裁判は、あなたや私と何ら変わりのない生身の人間が行うものであり、訴訟指揮、和解、判決等のいずれの局面でも、裁判官の人間性や能力が、その質と内容に大きく関係するのだ。

裁判の生命——事件の個別性と本質を見詰める眼

それでは、裁判の生命、裁判官が裁判を行うに当たって最も注意しておかなければならない重要な事柄とは何だろうか？

私は、事件の個別性と本質を見詰め、よく見極める「眼」ではないかと考える。事件というものは、人間と同じで、一つ一つに個性がある。その個別性こそ事件の命というべきものだ。いいかえれば、事件、紛争の本質ということである。裁判官は、それを見分ける眼をもっていなければならない。

よくあるのが、これと異なり、事件をカテゴリー的な分類に当てはめ、既成の判例の多数派的見解から割り出したマニュアルに従って、あたかも行政事務のように流れ作業で画一的に処理してゆこうとする傾向である。こうした定型的で杓子定規な「事務処理の方針」は、たとえば最高裁判所事務総局が作成した、あるいはその方針に沿って現場の裁判官たちが作成した事件処理の指針やマニュアル等に非常に露骨に現れている。その実例については第4章、第5章で論じるが、事件の生命である個別性を殺してしまいやすいものである。

先の事柄は、さらにいいかえれば、事件の背後にある当事者の「声」をていねいに聴き届けることでもある。当事者の満足は、勝ち負けだけで決まるものではない。審理のプロセスで、裁判官が、ていねいに自分の声を聴き届けてくれているかどうかに、当事者は、非常に敏感である。だから、裁判官や相手方代理人の、心ない、あるいは不用意な言葉に深く傷付くことも多い。場合によっては、みずからの代理人の言葉に不信を抱く場合だってある。

実際、訴訟を経験した当事者が一番傷付くことが多いのは、勝ち負け以上に、むしろ、結論に至るプロセスにおけるこうした残酷な言葉によってであるかもしれない。たとえば、和解の席における「こんな事件はこの机上に乗せてもらっただけでもよしと思いなさい」といった言葉、家事調停成立時だけに出てきた家裁所長の「私は忙しいんだ。早くして下さい」といった言葉など、私が聞いてきただけでも、その例は枚挙にいとまがない。

裁判官は、対立する当事者たち、また、その当事者たちと完全に利害が一致するとは限らない代理人弁護士たちそれぞれの、複雑微妙な要請に適宜応えてゆかなければならない。これは、途方もなく難しいことである。

原告、被告、被疑者、被告人、そして、被害者等々のさまざまな訴訟関係者、そのいずれにとっても、みずからの人生は、ただ一つの、取り替えのきかない、かけがえのないものである。裁判官は、常に、その「かけがえのなさ」を念頭に置きながら裁判を行わなければならないといえよう。

事実認定の難しかった四つの裁判

本章では、最後に、私が経験した民事訴訟の中から、事実認定で悩んだ、また、事実認定を誤った事案を挙げて、事実認定の難しさの一端を紹介しておきたい。

第一のものは、かなりの信用のある金融機関に対する不法行為請求であり、主張の大筋は、金融機関の職員が預金の預け替えとこれに関わる手形処理に関連して不正な操作を行い、原告に損害を与えたというものであった。

第一審は、原告の請求をあっさり棄却していた。原告が、陰《かげ》の金主から借りた金銭を投資して利益を得ている、ごく普通の感覚でいえばややうさんくさい人物であり、その主張する不法行為の内容が、悪徳銀行マンたちが暗躍する通俗小説の一章のように手の込んだ複数職員の共謀行為だったからであろう。

控訴審の主任裁判官であった私の、第一審判決を読んでの第一印象も、特に問題の大きな事案というほどのものではなかった。ただ、判決における事実認定の突っ込みが甘く、

「経験則上金融機関の職員はそのようなことはしないと考えられる」といった予断の感じられる言葉が何回か用いられていることには、やや引っかかった。また、和解期日に出頭した原告も、おとなしそうな常識人という印象で、いわゆる「事件屋」的な人物ではないと思われた。

和解については、被告金融機関がほんのわずかの金額しか提示しないので、打ち切ろうと考え、私は、判決を前提として、訴訟記録をもう一度隅々まで読んでみた。すると、原判決のほころびが思ったより大きいことがわかってきた。被告の主張中心に証拠をみることをやめ、距離を置いた高みからそれらを分析し直すと、いくつかの、客観的で動かしにくい原告に有利な事実が、飛び石のように浮かび上がってきたのである。

そこで、私は、次の和解期日に、被告代理人らに対して、「このような証拠評価もありうると思うけど、どうでしょうか？」と問いかけた。すると、被告代理人らは、至急検討したいとして和解期日の続行を求め、次回期日には、「裁判官の提示する金額で和解します」と、がらりと方針を転換したのである。原告は請求額に近い四〇〇〇万円の和解金を得た。この事案では、遅延損害金が高額にのぼっていたので、請求額に近い金額の和解でも、被告には十分なメリットがあった。しかし、高額和解の成立に一番驚いたのは、敗色濃いと考えていたと思われる原告代理人だろう。なお、おそらく、被告代理人らは、ことの真相を知っていたと思う。私の先の言葉に顔色を変え、何一つ反論しないまま、「至急検討したいと思います」と答えたからである。

それでは、第一審は、なぜ判断を誤ったのだろうか？「まさか金融機関がそのようなことはするまい。むしろ原告がうさんくさい」という予断と、原告の主張ができすぎていて一見すると荒唐無《こうとうむ》稽《けい》に感じられたことがその理由ではなかったかと、私は考えている。

第二のものは、貸金返還請求であり、貸主は原告らの母Aさんであった。相続した貸金債権の請求ということである。原告らは、母の遺品の中に貸金の証書を発見し、借主である被告に問いただした。被告の応答は誠意のないあいまいなものだったが、被告は、その後かなり時間が経ってから、Aさんの氏名を含め全部がワープロで印字され、氏名の下に実印によるものと思われる印影のある領収書（貸金返済を示す領収書）を、原告らに示した。

原告らは、この領収書について、何らかの理由によりAさんに実印を押させておいた白紙を利用して被告が偽造したものだと主張した。しかし、その「何らかの理由」については、具体的な主張ができなかった。

この事案では、貸金証書の作成経過が錯綜《さくそう》していて非常にわかりにくいのだが、そのことを含め、証拠から認められるさまざまな情況証拠は、原告の主張に沿って説明することが合理的なものだった。

さて、どうすべきか？

私は、原告らとその代理人に、「私は勝訴判決を書いてあげられると思うが、この事件の判断は、領収書という最も重要な書証の評価に関わるから、控訴審で判断がくつがえる可能性もかなりある」と、事案の見通しを正確に述べて、和解をするか否かをよく相談してくるように促した。結局、この事案は、原告の請求の半分以下の金額で和解が成立したが、決定的な証拠とそのほかの情況証拠との間の綱引きで判断が分かれるという、めったにない、心証のとりにくい事案であった。

第三のものは、いわゆるDV防止法（配偶者からの暴力の防止及び被害者の保護等に関する法律）による保護命令申立て事件であり、私が事実認定の根幹を誤った可能性が高いと明確に自覚していた近年ではほぼ唯一の事例である。申立人、被申立人は双方とも公務員であり、妻が保護命令の申立てを行い、夫の暴力等を主張していた。妻には代理人が付いていたが、夫には付いていなかった。妻側の言い分を聴いた後、夫の言い分を別の期日に聴いた印象では、「妻は不貞をしており、その不貞を隠すためにDVの申立てをしている」という夫の言葉は、信用性が低いように思われた。私は保護命令を出した。

ところが、その後にさらに申し立てられたいわゆる「再度の保護命令の申立て」（前記の法律一八条）の審理において、双方の言い分を、対席の上で、また、夫の側にも弁護士が付いた状況で聴いたところ、夫の暴力についてはおくとして、夫のいう「妻の不貞の事実」は間違いがなさそうだということがわかった。そうなると、妻の言い分の全部が怪しくなってくる。私は、妻の再度の申立ては却下した。

この事案については、DV防止法の審理ではそれが普通のことなのだが、最初の申立ての時点で当事者の一方ずつから別々に言い分を聴いたことが、判断を誤った根本原因だった。後に第6章でも論じるが、裁判官が当事者の言い分や意見を聴くときには、双方対席の下で、つまり当事者の双方とも相手の言い分等に反論ができる形で、それを行うことが望ましい。一方ずつから別々に言い分を聴くだけだと、このケースのように、最初に聴いた言い分が弁護士が付いているためにきれいに整えられていたりすると、どうしてもそれに引きずられやすくなるからだ。双方対席審理の重要性を再認識し、反省させられた事案であった（なお、DV防止法の審理では、DVを受けた側についての精神的圧迫という観点から双方対席審理が困難、不適切な場合もある。難しい問題である）。

第四のものは、中学生の少年が原告の交通事故損害賠償請求である。『絶望』（一三八頁以下）に記しているが、第6章の内容とも関連する事案なので、もう一度書いておこう。

この事案では、自転車の少年と自動車の運転手の双方が、自分の対面の信号は青であったと主張していた。警官の調書では、少年は、「対面の信号は赤でした」と述べているのだが、調書作成には両親が同席しておらず、少年は、その時には運転手が気の毒だと思って虚偽の調書作成に応じてしまったのだと主張していた。

こうした事案では、通常、証人と当事者の尋問を行えば、いずれの言い分が正しいかは大体わかる。だが、この事案では、いくら聴いても的確な心証がとれなかった。

そこで、私は、和解を勧めていたのだが、ある時、私がいくぶん強く少年の両親に説得を行うと、少年が、横から、「わかりました。もういいです、和解でいいです」と、はっきりと発言したのである。

後から考えてみると、その時少年の顔に浮かんでいたのは、失意とあきらめであった。

もちろん、証拠上は、過失が疑わしい程度の立証の場合には原告の負けとなるのが民事訴訟の原則であり（このことを、民事訴訟法学では、「被告の過失について原告に証明責任がある」という）、少年に不利な調書や実況見分調書しか存在しないその事案では、少年の形勢は悪かった。また、実際には、信号の変わり目の事故であった可能性が大きく、少年の言葉をほぼ信じたとしても、完全勝訴にすることは難しい事案であったと思う。さらに、たとえ少年を勝訴させたとしても、控訴審でくつがえされる可能性も大きかっただろう。

しかし、少年には、また、彼の両親には、判決を求める自由と権利、そしてその判決が間違っていると思うなら最後まで争う自由と権利があったことは間違いがない。

この事件の後、私は、たとえ事案の解決としてはそれが適切であると思う場合であっても、当事者が望まない和解を強く勧めることはやめた。強い立場にある裁判官が当事者の自由と権利を踏みにじることになりかねないと気付いたからである。

以上のケースを通じて、裁判官が、思い込みや予断を排除して白紙の状態で主張や証拠を客観的に検討し、また、判断の誤りの可能性を念頭に置きながら自己の心証を慎重に検証し直す姿勢が大切であることが、理解していただけたのではないかと考える。

第2章

裁判官が「法」をつくる

——裁判官の価値観によって全く異なりうる判決の内容

裁判官が「法」をつくる——リアリズム法学の考え方

裁判に関する人々の、また、法学者の常識は、第1章に記したとおり、「裁判官は、まず事実を認定し、それを法律あるいはその解釈を定めた先例である判例の法理に当てはめて結論を下す」というものであろう。

私も、第1章では、この前提まで疑ってはいなかった。ただ、「実際には、裁判官の判断は、総合的直感としてもたらされる。だから、裁判官の能力や人間性が重要だ」と論じただけである。

しかし、法思想の歴史においては、この前提そのものを根本から疑った人々がいた。彼らの考え方は、リアリズム法学と呼ばれている。その代表格の学者、実務家が、ジェローム・フランク（一八八九～一九五七）であった。

フランクは、「法」が固定した不変のものであってそこから演繹的に結論が導き出されるという前記のような考え方をドグマであるとしてしりぞけ、社会・人文科学一般の分析を援用しながら、実際には、裁判官こそが、法を欲し、法を創造し、また、変更しているのであり、書かれた「法」は、裁判官が判断を行うに当たっての「一つの素材」ないしは「判断を規整する一つの枠組み」でしかないとした。

また、裁判において問題となる「事実」も、生《なま》の出来事から抽象され法的な評価を加えられた事実であって、客観的存在としての「事実」とは異なるとした。

そして、判決は、「法律」と「事実」によって決定されるというよりも、いずれかといえばむしろ、「〔広義の裁判過程において裁判官に与えられる〕刺激」と「〔裁判官の〕人格」によって決定されると定式化した。ここで、「刺激」というのは、裁判官の外側から裁判官に働きかける諸要素であり、証拠、法律（広義の法準則や法原理をも包含する）のほか、世論等の社会的な諸要因をも含むであろう。「人格」というのは、裁判官個人に属する諸要素であり、性格、各種の偏見ないし嗜好、習慣ないし性癖等を含むであろう。

要するに、フランクは、法的判断とは、法をその規整の枠組みとしながらも、本質的には、裁判官の個人的な価値選択、価値判断であり、その全人格の反映であると論じたのである（以上の記述については、フランクの著作『法と現代精神』〔弘文堂〕、『裁かれる裁判所』〔同〕のほか、田中成明ほか『法思想史〔第2版〕』〔有斐閣〕一七八頁以下を参考にさせていただいた）。

このリアリズム法学は、アメリカにおける哲学流派、哲学的方法の代表的なものであるプラグマティズムの系譜を引いており、私自身の思想もプラグマティズムから大きな影響を受けている（『絶望』二〇〇頁）ので、私には、うなずける部分がかなりある。なお、第1章で言及した川島教授の学説も、リアリズム法学の影響を受けている。

ところで、フランクの主著の一つである前記『法と現代精神』の初版が刊行されたのは一九三〇年である。一九三〇年は満州事変勃発の前年であり、日本では、社会主義思想の影響を受けた「傾向映画」の代表作である『何が彼女をさうさせたか』（鈴木重吉監督）が大ヒットして「キネマ旬報」ベストテンでも第一位となり、また、紙芝居シリーズ「黄金バット」が始まっている。まさに古色蒼然の別世界である。

このような時代に、フランクは、法思想史、法学史上最も先鋭な、また、その後のアメリカ法学に大きな影響を与えた考え方を提示していたのである。当時の日本で学者や実務家に彼の考え方を説明したとしても、誰もが、狐につままれたような表情を浮かべたことだろう。

また、フランクが、学者であるとともに弁護士、裁判官でもあったという事実も興味深い。確かに、こうした先鋭な考え方は、システムの内側を知り尽くし、かつ、外側からそれを見据える視点をも兼ね備えた人物でなければ、構築することが難しい。

しかし、このリアリズム法学の考え方については、それがかなりの程度に当てはまる領域と、そうではない領域がある。そして、一般的に、その判断が広義の「価値」に関わり、社会や政治、行政のあり方に大きな影響を与える訴訟（このような訴訟を「価値関係訴訟」と呼びたい。普通の刑事事案でも再審請求事件等はこれに該当する）、また、その中でもそのような傾向の大きい事案ほど、裁判官の価値観、人格、人間性によって結論が影響される度合いが大きいように思われる。以下では、そのことを明らかにしてゆきたい。

なお、事前に一言お断りしておくと、本書における私の裁判分析については、私なりの「プラグマティズム法学、リアリズム法学」の試みという側面がある。しかしながら、私の分析は、対象となる裁判にひそむことのある虚偽意識的、イデオロギー的な欺瞞を指摘しつつも、論理一貫性や法律の趣旨をも重視しており、リアリズム法学ですべてが解けるといった単純な考え方によっているわけではない。

結論正当化のためのレトリック

たとえば、賃料の不払いを理由とする建物明渡し請求、きちんとした契約書がある貸金請求といった単純で争う余地に乏しい事案については、裁判官によって結論が変わることはあまりないだろう。こうした事案では、前記の、「判決は、『事実』を『法律』に当てはめて決定される」という常識的な定式がほぼ当てはまるといってよい。

しかし、特に「価値」に深く関わるものではない事案についても、難しい事案にあっては、裁判官によって結論が異なりうる。そのことは、第1章末尾で論じた「事実認定の難しかった四つの裁判」からも明らかと思われる。たとえば、そこに掲げた第一の事案では、裁判官の事実を見る眼と請求の内容や当事者に対する予断、偏見の有無が結論を分けたし、第二の事案では、重要な書証と情況証拠のいずれを重視するか、また、事案の個性と本質をどのように評価するかが重要なファクターになってくる。

最後のカテゴリーである「価値」に深く関わる事案（価値関係訴訟）における判断では、裁判官の総合的な価値観、人格、人間性等が、決定的に重要なファクターになってくる。また、社会や時代の空気、権力や政治家や経済界の思惑等も、判決に対して、複雑微妙な、あるいは直接的な影響を与える。本書で論じる判決、裁判の大半はこの類型に属する。

こうした事案では、フランクの提唱した「判決は、『〔裁判官に与えられる〕刺激』と『〔裁判官の〕人格』によって決定される」という定式が、かなりの程度に当てはまるといってよい。また、事実に適用される法律の枠組みも、それほど詳細なものではなく、裁判官の解釈にゆだねられる部分が大きくなっていることが多い。

第3章ないし第5章で事件類型別の分析に入る前に、この章では、判決のレトリックに関する考察を行っておきたい。

法理論というものは、純理にとどまらない結論正当化のための理屈という性格を必ずいくぶんかは含んでいる。社会・人文科学の科学性に限界があるのはこうしたことが一つの理由なのだが、人々の行動を規整する規範を研究する学問である法学については、ことにこの限界が大きい。実は、これは、法学者の多数派もあまりよく認識していない、あるいは認めたがらない事柄である（『絶望』一二二頁）。

この章の記述との関連でいうと、価値関係訴訟の判断における判決のレトリックは、裁判官がみずからの感覚や価値観に従って直感的に決定した結論を正当化するために利用される度合いが、通常のケースの場合よりも目立って大きくなりやすい。ことに、問題のある判断の場合に、この傾向が大きい。

そのような判断におけるレトリックは、最初に強引に一定方向の結論を決めてしまった上で、ただそれを正当化するためだけに構築されていることが多い。いわゆる「初めに結論ありき」の議論なのだが、判決のレトリックについては、難解な用語を用い、かつ、巧妙に組み立てられていることから、意外にも、法律の素人である一般市民をあざむくためには、そして、法解釈の演繹的な論理に馴《な》れ切ってしまっている法律家を説得するためにも、結構効果的なのだ。そのような法理論の欠陥を見抜くには、それを正確かつ簡潔に要約するとともに、日常的な言葉に翻訳してみることが大切である。

ここでは、まず、判決の示した法理と裁判官たちが実際に行った生《なま》の価値判断との間にずれが感じられる興味深い事案として、国家賠償法上の営造物責任、すなわち、国や地方公共団体の管理する公的な建物や構築物、道路、河川等の欠陥によって生じた損害についての責任に関する最高裁判決を取り上げてみたい。

この判決（一九七八年〔昭和五三年〕七月四日、天野武一《あまのぶいち》裁判長）の判決要旨は、「営造物の通常の用法に即しない行動の結果事故が生じた場合に、その営造物の本来の安全性に問題がなく、先の行動が通常予測できないようなものであったときには、営造物責任は生じない」というものである。

事案は、六歳の子どもが、市の管理する道路脇の転落防止用防護柵の高さ六五cmの手すりに腰掛けて遊んでいたところ、四m下の高校校庭に転落し傷害を負ったというものである。つまり、道路に接して高校の校庭があるのだが、校庭のほうが道路路面より四mも低いことから、当然転落防止のための防護柵が必要となるところ、その高さが六五cmしかなかったため、子どもがそこに腰掛けて遊ぶうち転落したのだ。本件の道路は、交通量が少ないため、子どもたちの遊び場所となっていた。

第一審は市の責任を認め、控訴審とこの最高裁判決は認めなかった。

さて、判断の当否はとりあえずおくとして、あなたは、先の判決要旨に疑問を感じられなかっただろうか？　もう一度注意深く読んでみてほしい。

「営造物の通常の用法に即しない行動」というのは、確かに、大人の場合であれば当てはまる理屈だろう。大人が防護柵の上に乗って遊ぶ、たばこを吸うなどの行為は、どう考えても防護柵の通常の用法、目的から外れている。

しかし、転落したのは六歳の子どもである。六歳の子どもにとって、「防護柵の通常の用法」などといったことが、いかなる意味をもつのだろうか？　高さ六五㎝というのは、子どもが遊び場にしている道路の防護柵の高さとしては、きわめて不適切なものだったのではないだろうか？

私は、このケースにおける裁判官たちの直感的な判断は、おそらく、「こんな事故は、親がよく注意しておかないから起こるのだ。国家賠償なんて認める必要なし」ということだったのではないかと思う。「通常の用法に即しない行動」などというのは、後付けのレトリックにすぎない。「先の行動が通常予測できない」というレトリックでは結論の正当化がさすがに難しい（幼児が六五㎝の手すりから落ちるのは、十分に予測できることだろう）ので、その前に、もっともらしいレトリックを一つかまして、補強しているのであろう。つまり、「営造物の通常の用法に即しない行動については国や市は責任を負わない」という理屈自体は正しいが、このケースで用いるレトリックとしては不適切ではないか、ということである。

もっとも、一九七八年という時代を考えるならば、その時代の空気も、「そんなのは親が悪い」あるいは「仕方のない不幸な事故」ということだったかもしれないと思うので、この判決の結論が一概に誤っているとまではいわない。しかし、第一審は市の責任を認めていたのであり、素直にそれを是認するという判断も、十分ありえたのではないかと思うのである。

気の毒な未亡人の訴えを粗暴な論理で踏みにじった控訴審判決

次に、原告の請求を認めなかった判決のレトリックが明らかにずさんであり、破綻している一つの典型的な事例として、私の判決が上級審で破られた事案の中でも最も疑問が大きいものの一つであった酒販年金事件判決を取り上げたい。

事案は、私的年金制度の一つであった酒販年金、つまり、全国小売酒販組合中央会（被告）の運営していた年金共済制度（町の酒屋さんたちが多数加入していた私的年金制度）の破綻に関連して提起された訴訟である。原告の請求のうち、地裁が認め、高裁が認めなかった請求についてだけ説明してゆく。

原告は、酒屋の未亡人であったが、夫が加入していた年金受給権を相続した後の二〇〇二年一一月に、年金を月々受け取ってゆくか、一時払いで受け取るかの選択を求められ、前者を選択した。ところが、翌二〇〇三年の一二月には年金支給が停止され、二〇〇四年五月には制度が破綻した。

第一審判決（東京地裁二〇〇六年〔平成一八年〕四月二四日）は私が裁判長である。三人の裁判官で行う合議事件判決は、通常、末席の陪席が起案し、順次手を入れるのだが、この判決は難しいので、例外的に私自身が最初から起案した。この判決は、二〇〇一年七月以降本件年金制度の破綻は予測できたこと、原告は、夫が亡くなって酒屋を廃業し、組合員ではなくなっていたため、年金制度に関する財政の悪化を示す総会の審議事項の要旨や年金財政の決算書等が記載された「酒販通信」という被告発行の機関誌を受け取っていなかった（したがって、年金財政悪化の状況を知ることができなかった）ことを認定した。

そして、このような事実関係の下では、被告は、原告に対して、被る可能性のある不利益について説明し、あるいは適切な情報を与える年金契約上の付随的義務（説明義務）があるが、被告はこれを怠ったとして、原告の請求のうち約一〇三五万円を認めた。つまり、一時金を受け取っていた場合に得られた金額と、原告が制度破綻までに月々受け取っていた年金の合計額との差額を、損害として認めたのである。

おわかりのとおり、原告が、たまたま夫の死亡後に酒屋を廃業したため、「酒販通信」を受け取っておらず、したがって、年金財政悪化の状況を知ることができなかったことが、判断のポイントである。このような事実関係を考慮すれば、原告を救済することが

「ささやかな正義」の要請にかなうであろう。

また、この判決は、「大きな正義」の要請にもかなうものだったと思う。従来、説明義務の認められる契約類型は被告がそれによって経済的利益を得られるものに限られていた。たとえば、金融機関が投資信託のような金融商品を販売する際に顧客に不利益事項を説明する場合等である。しかし、本件のような私的年金制度は、被告が組合員の福利厚生の一環として行うものであり、被告がそれによって経済的な利得を得るわけではない。こうした契約類型について説明義務が認められるか否かは定かでなかったが、私の判決は、これを正面から認めて原告の救済を図ったのである。

なお、「ささやかな正義」と「大きな正義」については、『絶望』（六頁）で記している。前者は、裁判所が個別事案の本質を見詰めてそれにふさわしい解決を図ることであり、後者は、裁判所が、行政や立法等の権力や大企業等の社会的な強者から国民、市民を守り、基本的人権の擁護と充実、人々の自由の実現に努めることを中心に、より大きな視点から社会的正義を実現してゆくことである。

これに対し、控訴審判決（東京高裁二〇〇六年〔平成一八年〕一〇月二五日、南敏文《としふみ》裁判長）は、以下のような理由で原告の請求を認めなかった。

「本件年金制度のような制度は統一的、画一的な取扱いが要請されるから、契約者の問い合わせに個別に答えたり、説明を行うことは、本件年金共済規定違反になる。また、本件年金制度が第一審のいうような危機的状況にあったとは認めがたい。もっとも、組合員でなくなった原告に対しても『酒販通信』と同程度の内容は送付される〔知らされる〕ことが望ましかった。しかし、原告は、従前酒販通信の送付を受けていたのだから、みずから送付を求めて入手することは可能だったし、年金財政等に疑問があればみずから問い合わせて確認することも容易にできた。〔にもかかわらずこれをしなかったのだから、原告のほうに問題がある〕」

これらの判決についての判例研究の一つ（本澤巳代子教授〔筑波大学、民事・社会法学〕、「判例時報」一九九〇号一七九頁）は、要旨以下のように述べている。

「地裁判決のほうが、劣位当事者に対する説明義務、情報提供義務を認めようとする従来の学説および判例の傾向に沿ったものといえる。原告がみずから積極的に財政状況を調べるべきであったとする控訴審判決は、一般人の感覚からほど遠いものである。また、控訴審判決は、契約者の問い合わせに個別に答えたり、説明を行うことは、年金共済規定違反になるといいつつ、原告は、年金財政等に疑問があればみずから問い合わせて確認することも容易にできたというが、それでは、原告は、一体どうすればよかったというのであろうか？」

右判例研究の分析どおり、控訴審判決のロジック、レトリックは、お粗末きわまりないと思う。「本件年金制度が第一審のいうような危機的状況にあったとは認めがたい」というのなら、そのことを説得力のある事実認定と判断で示せば、棄却という結論は導けるのである。しかし、そこは本当をいえば怪しいので、支離滅裂なレトリックを持ち出して無理やり棄却しているのではないか。

しかし、原告の請求を認めても実質的には誰も傷付かないこの事案で、なぜ、前記のような強引かつ支離滅裂なロジックを用いて無理やり請求を棄却しなければならないのか、私にはどうしても理解できない。これは単なる私の想像だが、控訴審の裁判官たちの「直感的価値判断」は、たとえば、以下のようなものでもあったのだろうか？

「よくもまあ、かわいそうな未亡人の請求を苦労して認めたな。正義派ぶりやがって……。よし、俺様が、粗暴な論理で粉砕してやろう。何、あとは最高裁だけだから、いい加減な理屈だって全然平気さ」

実際、結局、この事件は、上告が棄却され、原告の請求棄却で確定してしまった。

第1章でも触れたが、日本では、地裁の裁判に民主的、先駆的、あるいは常識的にみても妥当なものが最も多く、上級審でそれが破られることも同様に多い。これは、民事でも刑事でも変わらない。前記の国家賠償法の事件についても、第一審は認容していたし、次の項目で触れる立川反戦ビラ配布事件でも、第一審の判断のほうが妥当だった。私が第一審で関与し、製薬会社のみならず国の責任をも認めたクロロキン薬害訴訟事件（『絶望』一六頁）についても、スモン薬害訴訟事件等と同様に薬事行政のずさんさがはなはだしい事案であったにもかかわらず、控訴審（東京高裁一九八八年〔昭和六三年〕三月一一日、田尾桃二裁判長）は、国の責任を否定した。

『絶望』において詳しく論じたとおり、日本の裁判所はきわめて問題の大きいピラミッド型ヒエラルキーであり、また、そこにおいては、合議体全体としてより年長で上層を占める裁判官たちが上級審の裁判官を務めることになるのだから、右のような結果になるのは、当然のことなのである。良識派の裁判官たちがだんだんやる気を失って事なかれ主義におちいってゆきやすい理由の一つも、ここにある。

国民、市民も、三回も裁判があるのだからきっと正しい裁判が行われるに違いない、などといった幻想を抱くべきではない。「一体何のための三審制なのか？」ということが問われなければならないであろう。

問題の大きな最高裁判決に特徴的なレトリック

日本の最高裁判決には、価値関係訴訟、「価値」に深く関わる事件において特に問題の大きい判決が多い。ここでは、『絶望』（一二〇頁以下）に掲げた判例を素材に、最高裁判決の「あざむきのレトリック、からくり」を分析しておきたい（『絶望』の記述と併せて読むと、よりわかりやすいと思う）。

大きく、二つのレトリックがあるように思う。一つは「韜晦型《とうかい》（ごまかし型）」であり、もう一つは、「切り捨て御免型」である。

「韜晦型」の例としては、一票の価値、格差に関する一連の判例が挙げられる。どれも長くて恐ろしく読みにくいのだが、整理してみれば、大したことをいっているわけではない。簡潔にまとめると、第一に、国会に大きな裁量権を認める、第二に、国会に格差是正のために大きな期間の余裕を与えてあげる、第三に、合憲と違憲の間に「違憲状態」というカテゴリーを設ける、というものである。

このように簡潔に整理してみると、どの理由付けも大変怪しいことがわかるだろう。まず、第一については、民主制の根幹を成す選挙権の平等は、国会に裁量権が認められるような事柄ではないといえる。議員たちのお手盛りによる裁量など、既得権確保以外の何物でもない。第二についても、そのような余裕を与えてあげる合理性が一体どこにあるのかきわめて疑わしい。第三については問題外である。もしある事柄が合憲でないならそれは違憲に決まっている。基本法中の基本法であってその解釈はいやが上にも厳格でなければならない憲法の解釈において、「違憲だが合憲である」などといったわけのわからないカテゴリーを設けることは、欧米の常識では、およそ考えられない。ある記者が、「海外の記者に『違憲状態』の説明をすると、『えーっ。それって一体何よ？　信じられない』と言って、皆怒るんですよね」と言っていたが、当然のことであろう。

それでは、一票の格差に関する一連の判例が、なぜことさらにくだくだしく書かれているかといえば、以上のような脆弱《ぜいじゃく》かつ問題の大きい論理の欠陥をおおい隠すためにであると考えて、おそらく間違いがないであろう。つまり、「韜晦型」ということである。その本質は、最高裁判事の多数派が、「国会議員たちの既得権は何が何でもお守り申し上げる」という「法」を欲したということにすぎない。

民間空港周辺住民らが夜間の飛行差止め等を求めた事件についての大阪国際空港夜間飛行差止訴訟大法廷判決（一九八一年〔昭和五六年〕一二月一六日、服部高顯《たかあき》裁判長）も、「韜晦型」である。

差止めを一切認めない理由付けが長々と書かれているが、要約すれば、「『航空行政権』に関わる事柄だから民事差止めは許されない。行政訴訟については、さあね、知らないよ

（知らねえよ。知ったこっちゃねえよ）」という、開き直りに近い粗暴な論理が展開されているにすぎないのである。明らかに、多数意見の裁判官たちは、「空港騒音の民事差止めは問答無用で一切認めない」という「法」を欲したのであり、「航空行政権に関わる事柄だから」などというのは、国側の主張に乗っかった後付けの苦しい説明にすぎない（付言すれば、行政訴訟については、二〇〇四年〔平成一六年〕の行政事件訴訟法改正によりこれが可能になったとの見解が主張されている〔高橋滋《しげる》「論究ジュリスト3号」九一頁〕が、これには根強い反対説もある〔原田尚彦『行政法要論〔全訂第七版補訂二版〕』〔学陽書房〕三六三、三七七、三八五頁〕）。

このように、「韜晦型」のレトリックとは、脆弱な論理を糊塗《こと》するためにもっともらしい法律の「コトバ」を幾重にも塗り重ねるものである。

逆に、都合の悪いことには一切触れないのが、あるいは、都合の悪い部分を省略するのが、「切り捨て御免型」のレトリックである。

ポスティングを住居侵入罪で処罰した立川反戦ビラ配布事件判決（二〇〇八年〔平成二〇年〕四月一一日、今井功《いさお》裁判長）が典型的である。この事件は、市民運動家が自衛官官舎に自衛隊イラク派遣に反対する旨のビラをまいた行為が住居侵入罪として処罰されたものだ（『絶望』一二三頁）。理由は、「表現の自由も重要だが公共の福祉によって制限を受ける。したがって本件ポスティングは住居侵入罪に当たる」というだけの、およそ憲法論と評価することなど困難な代物である。まともに憲法論を展開すれば、ポスティング一般が処罰の対象とされることはない中でのこのような狙い撃ち起訴を正当化することは難しいので、実質的な理由を一切述べないことによって、何とか体裁を取りつくろっているのであろう。

たとえばこのような判決を読むとよくわかるのだが、そして、これは、本書で取り上げる各種の判決を総合的にみてもいえることなのだが、実は、価値関係訴訟における日本の裁判の全体像は、本当に近代民主主義国家のあるべき水準に達しているのか、はなはだ疑わしい。

ちなみに、私は、子どものころから一度として左翼であったことがなく、基本的には、芸術と科学を愛する一自由主義者にすぎない。つまり、私の考え方は、基本的には、単なる欧米一般標準にすぎず、特に先鋭なものではない。

しかし、そのような私でも、それらの判例群をあらためて虚心に読み直すと、大きな違和感を覚えざるをえなかった。それらの判例群から私が得た率直な印象は、残念ながら、「未だ社会にも政治にも裁判にも前近代的な残滓《ざんし》を色濃く残す国のそれ」というものだったのである。この事実は、私自身が、この書物を書くために、素材になる裁判、判例を選択してゆく過程で、徐々に気付き、確信するに至った、大変苦い真実なのである。

空港騒音差止請求についての判決も、米軍基地に関するもの（一九九三年〔平成五年〕二月二五日、味村《みむら》治裁判長（厚木基地訴訟）、三好達《とおる》裁判長（横田基地訴訟）は、くだくだしい大阪空港事件判決とは対照的に、切り捨て型の、木で鼻をくくったようなものである。条約ないしこれに基づく法律にそれに関する特別な定めがない以上、米軍の飛行は国の支配の及ばない第三者の行為だから、国に差止めを求めるのは主張自体失当である。これだけだ。

しかし、このような論理は、アメリカと日米安保条約を締結したのは国であり、国が米軍の飛行を許容したこと、適切な法律がないのであれば国にはそれを作る義務があること、日米地位協定の趣旨（協定によれば国はアメリカに施設の返還まで求めることができる以上、飛行の態様について協議や申入れができないはずがないこと）、憲法秩序と条約の関係等の、本来であれば判決の前提として当然論じておかなければならない事柄をすっ飛ばしているからこそかろうじて成り立っているまやかしのロジック、レトリックにすぎない。つまり、都合の悪い部分はすべて省略しているのである。

あなたが、「価値」に深く関わる事案において、何か問題があるのではないかと感じられるけれども、どこがおかしいのかうまく指摘できないという最高裁判決に出会ったら、「韜晦型」と「切り捨て御免型」の類型に関する以上の記述を精読した上で、もう一度判決を読み直してほしい。どこがおかしいのかがありありとみえてくることが、多いのではないかと考える。

また、あなたがもしも新聞記者等のジャーナリストであるなら、第一報はともかく、せめて、掘り下げた分析を行うはずの記事では、こうした極端なレトリックについては、無批判にそれを鵜呑みにするのではなく、その意味、機能、そのようなレトリックの背後にある裁判官たちの価値判断はどのようなものであり、それがどのようにおおい隠されているのかについても、立ち止まってよく考えてみてほしい。

裁判官は正義の自動販売機？

日本の法学はその大半が法解釈学であり、また、学者たちは概して実務をほとんど知らず、社会科学一般の素養も必ずしも十分でない場合がかなりあることから、判決、裁判に関するリアリズム法学的な分析は、ほとんど行われてきていない。また、「法解釈学こそ、価値中立的かつ高級で真正な学問、真の法学なのである」という思い込みは、感覚的には学者嫌いな場合が多い実務家の間にさえ、非常に強い。

法解釈学は、私自身も『民事保全法〔新訂版〕』〔日本評論社、二〇一四年〕等で行っており、必要な学問ではある。しかし、レトリックとしての純理、演繹的な論理に大きく寄りかかった「法解釈学」は、学者がその自覚を欠いていると、経済学と同じく、「論理の鎧《よろい》」でおおわれたイデオロギー」、統治と支配のための学問と化しやすい。そのことには、学者も、実務家も、留意しておいていただきたいと考える。経済学や法学の隠されたイデオロギー的性格、ということである。ことに、官学的な空気の中で育った学者には、こうした傾向が現れやすい。表面はきれいなことをいっていても、一皮むけば「統治と支配のレトリック、エクリチュール」が顔を出すということである（なお、私学の中にも、官学的、権力志向的な空気の存在する大学はある）。

以上に加えて、日本では、キャリアシステムがとられているために、弁護士は、基本的に裁判官になる機会がなく、そのために、裁判官がどういう人間で、どのような環境に置かれているかをあまり理解しておらず、また、理解しようともしないし、一般市民同様、「裁判官は基本的に自分たちとは別世界の特殊な人間である」かのように考えている節がある（このことについては、第8章でもう一度詳しく論じる）。

私は、一度、大きな集団訴訟を手がけている弁護師団の中心メンバーと長時間会ってアドヴァイスを行った経験があるのだが、私の話を聴き、種々質問を重ねた後に、その中の最も若い弁護士が漏らした次のような言葉は、大変興味深いものであった。

「これまで、裁判官って、主張や証拠を入れてあげれば当然正しい判決を出してくれる機械みたいに考えていたんだけど、本当は違うんですね」

もちろん違う。裁判官は、「正義の自動販売機」ではない。血の通った人間であり、理性とともに、感情ももっている。ことに、価値関係訴訟、「価値」に深く関わる事案の判断は、裁判官の価値観、人格、人間性によって結論が決まり、法的な論理はその後付けの説明として使われているにすぎない場合が非常に多い。

以上を逆にいえば、よくない裁判官は、それこそ、自分を、あえて、血も涙もない人間機械、「不正義の自動販売機」と化し、ポーカーフェイスのまま問題判決を下し続ける可能性がある、ということである。裁判官に対する人々の前記のような素朴な見方は、そうした裁判官の姿勢を監視し、見抜き、正してゆくには向かないであろう。

私が先の弁護士たちと話していて驚いたもう一つの事柄は、彼らが、担当裁判長の経歴も、手がけた事件の判決内容も、一切把握していないことであった。これもまた、「裁判官は正義の自動販売機」的な素朴な発想の結果ではないかと考える。私がもし弁護士であったなら、このような事件を手がける場合には、まず、担当裁判官全員について、集められる限りの情報を集め、徹底的に分析する。これは、アメリカの弁護士たちであれば、おそらく、ごく普通にやっていることである（なお付け加えれば、日本でも、やっている弁護士もかなり存在するとは思う）。

裁判官も人間であり、また、国民、市民にとって重要な裁判ほど、裁判官の人間性に深く影響される。私の長い裁判官経験からしても、そのことには絶対に間違いがない。

日本の裁判をよりよいものとしてゆくためには、まず最初に、その事実を認識することから始めなければならないであろう。

本書において、私が、具体的な検討を行った裁判および重要と思われる裁判については裁判長の氏名を記すことにしたのも、本章で分析したように価値関係訴訟の裁判には裁判官の総合的な人格が深く関係しているのを考慮してのことである。それに、裁判官がその良心と憲法を含む法律に従って下すべきものとされ（日本国憲法七六条三項）、「公文書中の公文書」ともいわれる裁判については、それらを分析、批判する場合に、その判断につき国民、市民に対して責任を負う者の氏名が記されることが、本来、適切でもあり、必要でもあろう（なお、最高裁については、原則として法律問題のみを審理する法律審であることから、法律問題に関する判例となっている判決のみについて、裁判長名を記している）。

なお、私が消極的な評価を行った判決についても、わずかではあるが、良識派として知られる裁判官（元学者を含む）が裁判長となっている例があり、私自身、あらためて裁判の難しさを痛感させられた。

第3章

明日《あした》はあなたも殺人犯、国賊
——冤罪と国策捜査の恐怖

本章以下の3章については、章の下位に付した番号ごとに論じる。はしがきでも触れたとおり、本章が刑事裁判を、第4章、第5章が広い意味での民事系の裁判を対象としている。

この章では、1で冤罪について、2で国策捜査について述べた後、3で、かつて裁判官であった学者の視点から、読者の方々が裁判員になった場合の心構えについて記しておきたい。

1　国家による犯罪であり殺人である冤罪

冤罪は国家の犯罪である

冤罪は、どこの国にも存在する。ある意味では、刑事司法の宿痾《しゅくあ》であるといえよう。

しかし、日本の場合には、「人質司法」と呼ばれる捜査手法と密室における過酷な取調べ、そのことを始めとして刑事司法システム全体が徹底して社会防衛に重点を置いており、また、徹底して検察官主導であって、被疑者、被告人の権利には無関心であること、強大な検察の権限をチェックする適切な仕組みが存在しないこと、などの要素が相まって、冤罪が構造的に作り出されてきた傾向が否定できない。

「人質司法」とは、身柄を拘束することによる精神的圧迫を利用して自白を得るやり方である。日本の刑事司法の顕著な特徴であり、冤罪の温床となっている。

まず、逮捕に続き、被疑者の勾留が行われる。被疑者とは、捜査の対象となっているがまだ公訴を提起されていない者である。これに対し、被告人とは、公訴を提起された者である。被疑者の勾留は、原則一〇日間だが、制度上は二〇日間まで延長が可能であり、犯行を否認すれば二〇日間は勾留されることになる。逮捕から勾留までの期間を考えると、さらに、最大限三日間が加算される。

裁判官による勾留の理由、ことに罪証隠滅・逃亡のおそれの判断は甘く、簡単に勾留が認められる。また、勾留は、拘置所ではなく警察署施設内部の代用刑事施設(いわゆる留置場、代用監獄。刑事収容施設及び被収容者等の処遇に関する法律一五条一項参照)で行われるため、時間に関わりなくいつでも取調べが行われる。さらに、取調べには弁護人の立会権が認められていない(なお、民事訴訟法と異なり、刑事訴訟法では「弁護人」という言葉が用いられる)。否認を続ける限り過酷な取調べから逃れられないから、被疑者は、勢い、虚偽の自白を行うことになりやすい。

実際、法律家でさえ、逮捕に続く連続二〇日間の勾留とその間の厳しい尋問に耐えられる人は多くないといわれ、痴漢冤罪の犠牲になって職を追われたのではないかとささやかれている人も存在する。なお、痴漢冤罪については、人をおとしいれるために組織的にフレームアップ、でっち上げが行われる例もあるという。私自身、あるジャーナリストから、「瀬木さん。電車内で女性を含む怪しい集団に取り囲まれそうになったら、すぐに逃げないとだめですよ」と、忠告されたことがある。

しかし、勾留はこれで終わるわけではない。否認したまま起訴されると、被告人は、起訴後間もなく身柄を代用監獄から拘置所に移されるものの、そのまま起訴後の勾留が続き、自白するまで、あるいは検察側証人の証言が終わるまで、保釈が許されないこともままある。

さらに、事実認定が難しそうな否認事件では、被疑者の勾留と同時に、第一回公判期日まで被疑者の弁護人以外の者（家族、友人等）との接見を禁止する決定が付されることが多い。これは、被疑者・被告人にとっては非常な苦痛を伴う。

以上が「人質司法」の実態である。これで虚偽自白が起こらないほうが不思議であろう。

次に、検察の権限が大きすぎることも日本の刑事司法に特徴的な問題である。

日本における広義の政治権力で最も強大なものが何かについては種々議論があるが、検察庁、総体としての検察がその一つであることは、おそらく間違いがない。これは、海外の学者がしばしば指摘するのに、日本では必ずしも十分に認識されていない事柄である。検察庁は、検事総長をトップとする行政機関であり、裁判所のように支配、統制のシステムがみえにくい組織ではない。また、ＯＢをも含めた相互の一体感がきわめて強く、これは裁判所とやや異なる点である。

裁判官は、一枚岩の組織としての裁判所の住人である反面、個人レヴェルでは相互の結び付きが弱く砂粒のようにばらばらであって、孤立した状態で競争させられつつ最高裁判所事務総局の統制に服している。これに対し、検察官は、建前上は検察官各人が「独任制の官庁」であるものの、検察の実態は、通常の行政庁とほぼ変わりのない上下の指揮命令系統によって動く組織である。また、ＯＢの権力もきわめて大きい。

最高裁長官はやめてしまえばただの人であり、『絶望』でも何度も触れた矢口洪一氏のような独裁者的人物でさえ、腹心の部下たちに裏切られ、退官後は大きな影響力をもちえなかったといわれている。これに対し、検察については、「検事総長などまだ実質的な決定権をもっていない小僧っ子」といわれるほどＯＢたちの力が強いといわれる。

そして、そのＯＢたちが政治の「奥の院」と結び付いている可能性も高いだろう。後に触れる国策捜査、すなわち、何らかの政治的意図に基づいて、また、世論の風向きや空気をも読みながら行われる捜査の根も、おそらくはここにある。

捜査、起訴に関する検察の権限が大きすぎ、それをチェック、コントロールする適切な仕組み、たとえば英米法系諸国における予備審問や大陪審のように起訴のためにほかの機関による承認を必要とする仕組みがないことも、冤罪や国策捜査の原因の一つである。

『不思議の国のアリス』でネズミがアリスに語って聴かせる「長くて悲しいお話《ア・ロング・アンド・ア・サッド・テイル》」を覚えているだろうか？　ネズミの尻尾《テイル》のように活字が曲がりくねって印刷されているあのお話《テイル》で、ネズミをつかまえた犬が彼に言う。

「ちょっと警察へ一緒に来ねえ、おれは検事でおまえは罪人、いやだといっても承知はならねえ、どうでもおさばき願うんだ」

「判事も陪審もいないじゃないか？」とネズミが抵抗すると、犬は続ける。

「判事も陪審もおれがやる、一切合切一人でさばいて、おまえを罪に落としてくれる」

（岩崎民平訳、角川文庫旧版）

有罪率九九・九％という日本の刑事裁判の不条理は、実質的には、このお話と変わらない。それは決して誇るべきことなどではなく、シュールレアリズム童話並みの異常な制度の結果なのだということを、私たち日本人は、よくよく認識する必要がある。

検察官のキャリアシステムも、こうした傾向を助長する。アメリカのように、法律家が経歴の一つのステップとして随時検察官になるというシステムのほうが、おそらく、客観性の高い正義が実現されやすい。キャリアシステムの検察官は、「役人」だから、失点のないことにこだわる。そして、検察官の失点は「無罪判決」だから、検察官は、有罪判決に異常にこだわるようになるのだ。

私は民事系の裁判官だったので、検察官と接する機会は少なかったが、勾留請求に関して不明な点を裁判所書記官を通じて問い合わせたところ、私よりはかなり後輩の検察官が、正気を失ったようなすさまじい口調で電話をしてきたことがあった。無礼この上ない態度であったのは、私が民事系の裁判官で継続的な関係をもつ間柄ではなかったことにもよると思うが（法律家には残念ながらこういう人間がかなりみられる）、私が勾留請求を却下するのではないかと考えたことがより大きいだろう。なぜなら、私は、定型的にみて平均的な裁判官よりその可能性が高い裁判官だったからだ。勾留請求一つでこの有様なのだから、有罪判決にいかに固執するかは、容易に想像がつくだろう（以上のような検察の組織としての問題、たとえば若手検察官の性格改造、また、自白強要、作文的調書作成等取調べの実態、公判担当検察官が被る有罪判決へのプレッシャー等については、体験の報告にとどまる限界はあるが、市川寛『検事失格』〔毎日新聞社〕が生々しく語っている）。

そして、刑事系裁判官は『絶望』（六八頁以下）で詳しく分析したとおり、その多数派は検察寄りであり、警察、検察が作り上げたストーリーについて一応の審査をするだけの役割にとどまっている。つまり、「推定無罪」ではなく、「推定有罪」の傾向が強い。

また、検察官に対する情緒的同調傾向も強い。裁判官もまた、検察官同様、「役人」だからであり、刑事系裁判官には、ことに、型にはまった役人的性格、「お上」的意識が強いからである。裁判官と検察官の人事交流、いわゆる判検交流も、こうした傾向を助長していた(刑事部門における判検交流は、二〇一二年度からようやく廃止された)。

刑事系裁判官で無罪判決が多い人は、周囲からいささか特異な人物という印象を抱かれる場合もある。陰に陽に圧力を感じることも多いはずである。民事系裁判官であった私ですら、逮捕状や勾留状関係の事務ではそうした圧力を感じていたからである。

さらに、冤罪には、人々の意識に原因がある部分も否定できない。実は、日本では、推定無罪の考え方が世間一般にも浸透していない。報道のあり方一つを取ってもそれはわかる。これはまた、基本的な人権感覚の問題でもある。日本の社会は、少数者に対してやさしくない。逮捕された瞬間から、被疑者は、世間からはみ出した「あちらの人」になってしまい、捜査機関のほうに非があったことが明らかになっても、その名誉は容易に回復しない。

また、日本では、被疑者、被告人の人権をいう議論に対して、被害者や社会の利益はどうなるのかという議論が対置されることも多い。しかし、これらはいずれも重要なのであり、また、相容れないものでもないはずだ。被疑者、被告人といえども基本的人権は保障されるべきであるのが近代民主主義国家の大原則なのだし、何よりも、被疑者、被告人が、実は、「それでもボクはやってない」場合があるのだということを、よくよく認識すべきなのである。

刑事再審についても、日本の刑事司法の以上のようなあり方を考えるならば、間口が狭すぎるといえよう。過去の例をみると、無罪がほぼ明らかであると裁判官が考える場合にしか再審開始を認めていない印象がある。しかし、日本の刑事司法全体の前近代的体質の結果として、再審請求が行われている事件のうちその名称が法律家の間でよく知られているような事件には、捜査のあり方や証拠に何らかの無視しにくい問題がある場合がきわめて多いことは否定できない。それどころか、たとえば後記恵庭OL殺人事件の場合のように、明らかに不当と思われる再審請求棄却決定もかなり存在するといわれている。

実際、刑事に詳しい弁護士たちは、「現在は『再審冬の時代』であり、新たなDNA型鑑定結果が出た、真犯人が判明したなどの『誰が考えても無実』という事件以外では再審は開始されなくなっており、次々と棄却決定が出ている」との意見を述べている。裁判所としては、「どうも怪しい」と考えられるような事案については、再審を開始してもう一度虚心に証拠を見詰め直す姿勢が強く望まれよう。再審請求審の審理においても「疑わしいときは被告人の利益に」という刑事裁判の鉄則が適用され、確定判決の事実認定に合理的な疑いが生じれば再審を開始できるとした最高裁決定（一九七五年〔昭和五〇年〕五月二〇日、岸上康夫裁判長。いわゆる白鳥決定）の趣旨が十分に考慮されなければならない。

なお付け加えておくと、再審請求審と、再審開始決定が確定した後に行われる再審の審理とは異なる。後者がいわば再審の本審理なのだが、日本では、前記のような事情から、再審理由の有無について判断する再審請求審のほうが大きく報道されることが多い。そして、再審の審理では、免訴（実質は無罪）とされた治安維持法違反事件である横浜事件を除き、すべてが無罪判決となっている。

裁判所、検察庁も、警察も、再審に関して、面子《メンツ》にこだわるべきではない。冤罪は正しく国家の犯罪であり、冤罪の結果としての死刑はまさに国家による殺人であることを、きちんと認識すべきなのである。

捏造《ねつぞう》証拠の後出し？——袴田事件

二〇一四年（平成二六年）三月二七日に下された、袴田事件の第二次再審請求に対する再審開始決定（静岡地裁、村山浩昭裁判長）は、いくつかの意味でエポックメイキングな裁判であった。

大きな点は二つある。一つは、最重要証拠であったところの、袴田巖《いわお》氏のものであるとされた、血液の付着した五点の衣類について、捏造の疑いがきわめて強いとしていることである。もう一つは、死刑の執行停止のみならず、刑事訴訟法四四八条二項に基づき、裁量により、拘置の執行まで停止し、袴田氏を釈放したことだ。

ことに、後者は、「袴田氏に対する拘置をこれ以上継続することは、耐えがたいほど正義に反する状況にある」という裁判官の認識に基づくものだが、通常はまずしないことであり、裁判官が、無罪を確信し、かつ、捜査の違法性の程度が著しく高いと考えたのでなければ、ありえない決断であろう。検察に衝撃が走ったのは当然のことである。おそらく、検察部内には、動揺するのみならず、激怒した人々も存在することだろう。死刑囚の袴田氏が、未だ再審開始決定が確定すらしていない段階で世に出ることによって、検察、警察の面目がつぶれることは間違いがないからだ。

しかし、事件の本質に即して考えるならば、この決定は、そうあって少しもおかしくないものなのである。

袴田事件とは、一九六六年六月三〇日に静岡県の味噌製造会社専務宅で一家のうち四人が殺害され、その後放火が行われた住居侵入、強盗殺人、放火事件である。袴田氏は、その会社の従業員だった。

袴田事件における警察の取調べは、一日平均一二時間、最長一七時間、用便もバケツで行うよう強制するといういうきわめて過酷なものだった。それでも、袴田氏は、一九日間無罪を主張し続けていたのである。また、袴田氏自身は、獄中書簡で、捜査官が「罵声を浴びせ棍棒で殴った」と書いているという。

この事件は、裁判が始まった時点では確たる物証がなく、公判の維持が難しい状況であった。にもかかわらず、事件から一年二か月も経過した時点で、すでに捜索済みであったはずの味噌工場のタンク内から、血に染まった五点の衣類が発見された。これは民事訴訟でも同じことなのだが、形勢が不利になってから後出しされる重要な証拠には、捏造の疑いがあることがかなり多い。ましてこれは刑事訴訟なのであるから、裁判所は、その評価には十分慎重であるべきだった。衣類のサイズが袴田氏には小さすぎることなどが当初から指摘されていたのだから、なおさらのことである。

しかし、袴田氏は有罪とされ、一九八〇年には死刑が確定した。

第一審・控訴審各有罪判決では、自白調書四五通のうち四四通について証拠能力が否定されている。しかし、ほぼすべての自白調書に証拠能力がないのに残りの一通に証拠能力があるというのは、常識的にみてもかなり奇妙な結論である。また、第一審判決は、その一通についても、判決の「証拠の標目」欄中にはなぜか記載しておらず、このことは、その調書の評価に関する裁判官の「迷い」を感じさせる（後記熊本裁判官による必死の抵抗の痕跡であろうという意見もある）。

なお、第一審判決は静岡地裁一九六八年（昭和四三年）九月一一日、石見勝四裁判長であり、控訴審判決は東京高裁一九七六年（昭和五一年）五月一八日、横川敏雄裁判長である。以下、それらの内容については、第一次再審請求棄却決定（静岡地裁一九九四年〔平成六年〕八月八日、鈴木勝利裁判長）における要約による。ところで、この第一次再審請求棄却決定は再審請求の一三年後、その即時抗告棄却決定（東京高裁二〇〇四年〔平成一六年〕八月二六日、安《やす》廣《ひろ》文夫裁判長）はさらにその一〇年後に下されている。再審請求に対する判断になぜこれほどの時間がかかるのか、このことだけでも裁判官たちの人権感覚を疑わざるをえない（なお、決定の遅延については、決定を行った裁判官たちよりも、それを後任者にたらい回しにした裁判官たちの責任のほうがより大きい）。

さらに、第一審判決は、「同調書のうち『犯行時にはパジャマを着ていた』との部分は明らかに虚偽である」としている。これは、「袴田氏が犯行時には前記五点の衣類（犯行によって血に染まったということになる）を着用しており犯行後パジャマに着替えた」と認定せざるをえないこととつじつまを合わせるためであろう。しかし、その調書の内容が本当に真実なら、その中で、袴田氏が、犯行時に着ていた衣服についてだけことさらに嘘をいうのはきわめて不自然であろう。そんなことをしても彼には何のメリットもないはずだからだ。

前記の衣類のうちズボンについては、控訴審の段階で三回にもわたる着装実験が行われたが、袴田氏はそれをはくことができなかった。にもかかわらず、判決は、「水分を含んだ後の自然乾燥で収縮した」というのだが、ここも、私の元裁判官としての感覚からしても、それほどの収縮が本当にありうるのか、さらに綿密な検討が必要ではなかったかと感じられるところである。

実は、第一審における合議体の構成員であった熊本典道《のりみち》氏は、無罪の心証をもっていた。だが、彼の意見は通らず、熊本氏は、判決の約半年後、耐えられずに退官し、弁護士となり、二〇一四年二月末には静岡地裁に再審開始を求める上申書を提出していた。これもまたきわめて異例のことである。裁判の結論は、裁判官たちの意見が分かれた場合には多数決で決せられる（裁判所法七七条）以上、やるべきことはやったが力及ばなかったという事態は、当然ありうることだからだ。

しかし、熊本氏にとって、袴田事件の有罪判決を書くのは耐えがたいことだった。それくらい問題の大きなケースだったということなのだろう。ここにも、良心的な裁判官が制度のゆがみを一手にかぶることになりやすい日本の司法の構造的な問題が現れている。

再審開始決定は、五点の衣類につき、弁護側、検察側各推薦の鑑定人によるDNA型鑑定のうち弁護側のそれのほうが信頼性が高いとし、それにより、衣類の血痕は、袴田氏のものでも被害者四人のものでもない可能性が相当程度認められるとした上、衣類の色についても、長期間味噌タンクの中に隠されていたにしては不自然に薄いとした（なお、五点の衣類のカラー写真は再審請求審まで検察によって隠匿され続けていたが、その写真によれば、衣類の色の不自然さは明白であるといわれている。「季刊刑事弁護」七九号九一頁の木谷明弁護士によるコラム）。また、事件後の捜索や味噌の仕込みの際に発見されなかったのに後日発見されたのも不自然であり、そもそも、早晩発見されることが予想される味噌タンク内に衣類を隠匿すること自体が不自然であるともしている。さらに、前記のズボンのサイズについても、「弁護人提出の新証拠によれば細身用の『Y体』であったことが明らかであり、袴田氏には小さすぎた可能性がある」としている。

そのほか、衣類の損傷の状況と袴田氏の傷の不一致についても指摘し、ズボンの端布《はぎれ》（裁断した後の残り布）が袴田氏の実家から押収されたことについても、袴田氏の実家から端布が出てきたことを装うために行われた捜索差押えであるとすれば容易に説明がつくと断じている。これは、捜査当局があらかじめ用意した端布をあたかも袴田氏の実家で発見したかのように偽装したとの趣旨であろう。

そして、最後に、自白調書を含むそのほかの証拠については、袴田氏を犯人であると認定できるものでは全くないとしている。

全体として、奥歯にもののはさまったような日本の裁判官特有の婉曲表現ではなく、明快かつ的確に事件と違法捜査の本質をついている点が目立つ。

以上のとおり、袴田事件は冤罪である可能性が高く、にもかかわらず、袴田氏は「世界で最も長く収監されている死刑囚」としてギネス認定もされたことがあるという異例の事態となっていた。袴田氏が無罪であるとすれば彼の人生は国家によってかなりの部分が奪われたも同然であり、刑事司法の罪は重い。そのことを踏まえれば、また、先のような事件の本質に即して考えるならば、決定の内容自体は、すでに述べたとおり、そうあってもおかしくないものであるといえる。

しかし、この決定は、前記のとおり、証拠捏造の疑いにまで強く踏み込んで捜査のあり方を厳しくただしつつ、死刑囚の身柄まで釈放した点において際立っており、その意味は非常に大きい。良心的刑事系裁判官の面目を示した決定と評価してよいであろう。

なお、刑事訴訟における証拠の捏造がままありうることについては、無罪判決の多い刑事系裁判官として知られ、後に法政大学法科大学院教授を務めた木谷明氏〔現弁護士〕が、『刑事裁判の心——事実認定適正化の方策〔新版〕』〔法律文化社〕五〇頁以下に記している。

崩壊した科学裁判の神話——足利事件と東電OL殺人事件

足利事件（事件発生は一九九〇年）と東電OL殺人事件（事件発生は一九九七年）は、いずれも、有罪判決の決め手とされたDNA型鑑定（当時は未だ精度が低かった）が誤りであったことが明らかにされ、再審無罪判決が下された事件である。これらの事件によって、「科学裁判の神話」の危険性が浮き彫りにされた。

第一審判決（東京地裁二〇〇〇年〔平成一二年〕四月一四日、大渕《おおぶち》敏和裁判長）が無罪であった東電OL殺人事件の控訴審で逆転有罪判決（東京高裁二〇〇〇年〔平成一二年〕一二月二二日、高木俊夫裁判長）を言い渡されたゴビンダ・プラサド・マイナリ氏は、「神様、ぼくはやってない！」と叫んだ。実に悲痛な訴えである。映画『それでもボクはやってない』（周防《すお》正行監督）のタイトルは、この叫びからヒントを得ているのかもしれない。

足利事件については、ジャーナリスト清水潔氏による詳細なドキュメント、『殺人犯はそこにいる——隠蔽された北関東連続幼女誘拐殺人事件』〔新潮社〕がある。足利事件はその地域で起こった連続幼女誘拐殺人事件の一つであって、真犯人は別に存在するというのが、書物の主題だ。愚直ともいえる記者魂で一つ一つ事実を積み重ね、真犯人（事件の真相）を追い詰めてゆく著者の筆致は説得力があり、警察が、初動の段階で当然注目してよいはずの別人による犯罪の可能性を十分に検討せず、「勘」による見込みでターゲットを絞り、逮捕、勾留に突き進んで引っ込みがつかなくなるという、日本の冤罪事件によくある一つの典型的なパターンをあらわにしている。

また、足利事件における冤罪被害者の菅家《すがや》利和《としかず》氏は、一三時間の取調べだけで幼女わいせつ誘拐、殺人、死体遺棄事件について「自白」させられている。「一三時間も耳元で怒鳴られ、自供しないと解放されない、という気持ちでした。一三時間しかじゃないです。よくあんなに持ったもんだと思いますね」（清水書一八八頁）という菅谷氏の言葉に注目してほしい。気の弱い人にとっては、一三時間の過酷な取調べは、前記のような重大な犯罪について全く身に覚えのない自白をさせられるに十分なものなのである。

しかし、私がこの本を読んで真に慄然《りつぜん》としたのは、足利事件の有罪判決の決め手とされたＤＮＡ型鑑定と同様の手法によるＤＮＡ型鑑定がやはり重要な、おそらくは決定的な証拠とされたと思われる飯塚事件（女児二人の殺害事件）につき、全面否認を続けたが死刑が確定した死刑囚の刑がすでに執行されてしまったというくだりである（第八章）。もしもこの人物が無罪であったなら、国家は、この人物の生命と名誉を文字通り奪い去ったことになる。これは、国家が絶対にしてはならないことの筆頭に挙げられるべき事柄である（なお、最高裁判事経験のある刑事法学者団藤重光教授〔東京大学〕も、死刑廃止論者となった理由として、明治時代以降無実の罪で処刑された人々が少なくなかった可能性が大きいことを挙げている。『死刑廃止論〔第六版〕』〔有斐閣〕)。

そして、同書第一〇章に記された、飯塚事件における情況証拠の中でことに重要なものと考えられる車両目撃証言の著者による再検証の結果、鑑定写真に工作が加えられた可能性に関する記述、中心となった弁護士の、「久間《くま》さんは、無実ではなかったかと……私はそう思っています。そして、もっと早く再審請求をしていれば、死刑は執行されていなかっただろうなと。私達が殺してしまったようなものです……」という言葉は、そのような致命的な誤りの可能性を示唆している(なお、福岡地裁二〇一四年〔平成二六年〕三月三一日決定〔平塚浩司裁判長〕は、飯塚事件につき死刑執行後に行われた再審請求の棄却決定である。この決定についての疑問をも含め飯塚事件についてまとめ直した清水氏の文章が「新潮45」二〇一四年七月号一〇八頁以下に掲載されている)。

明日はあなたも殺人犯！——恵庭OL殺人事件、女性にも起こりうる冤罪の恐怖

二〇一四年(平成二六年)四月二一日に下された恵庭OL殺人事件の再審請求棄却決定(札幌地裁、加藤学裁判長)は、その直前の袴田事件再審開始決定との明暗のコントラストが激しい判断である。

恵庭ＯＬ殺人事件とは、二〇〇〇年三月一六日夜、容疑者（以下、実名を使用せず、単に「容疑者」として記述する）が、容疑者の交際していた男性の気持ちが被害者に移り、その男性が被害者と交際することになったという三角関係のもつれから、被害者である同僚女性を絞殺し、午後一一時ころ死体に火を放って損壊したとして起訴された事件だ。

事件当初の報道は、たとえば次のようなものだった（後記伊東書から要約引用）。

「元同僚の女性逮捕　恵庭の女性殺害、背景に交際問題？

捜査本部は殺害の背景に男性との交際問題があったとみて詳しい動機を調べる一方、殺害状況等から計画的な犯行だったとみて、事件の全容解明を進めている。

これまでの捜査で、容疑者が、事件の直前まで連日、被害者の携帯電話に無言電話をかけていた疑いが浮上。電話をかけ始めた時期は、容疑者と交際していた男性が被害者と付き合い始めた時期と一致していたといい、捜査本部は動機との関連を調べている。さらに、被害者が退社した際に持ち帰ったとされる携帯電話が死亡後も使用されていたり、翌日に本人のロッカーに戻されているなど不自然な点もあり、容疑者を追及している」

「捜査本部は、顔見知りの犯行の可能性が高いとみて、交友関係を中心に捜査。事件直前に男性をめぐって被害者とトラブルを起こしていた容疑者が浮上した」

典型的な警察発表報道であり、見込み捜査の可能性がうかがわれる。しかし、一方では、事件当初から、「情況証拠からは、容疑者の犯行とみることには不審な点が多い」とコメントする報道もあった。

実は、私は、この事件の再審請求に対する裁判所の決定が出る前に、札幌テレビから取材を受けていた。その際、事件についてざっと調べた上で、「被害者死亡後にその生存偽装工作を目的として発信されていた被害者の携帯電話からの発信記録が容疑者の足取りにおおむね一致するという証拠が、本件における唯一の重要証拠でしょう。しかし、この証拠が堅いものなら、再審開始は難しいのでは?」と記者に告げていた。「いや、その証拠もそんなに確実なものではありません」というのが記者の答えだった。私は、取材では、事件とは離れ、裁判官や司法制度に関する一般論だけを述べた。

しかし、再審請求棄却決定の後、報道をみると、種々不審な点があり、学者の同僚たちからも同様の意見を聴いたので、つてを頼って決定のコピーを至急取り寄せ、関連の書物や記事等についても読んでみた。その結果は、唖然《あぜん》とするようなものだった。

民事系の裁判官であった私の民事訴訟における感覚からしても、検察が証明責任を果たしているとは思えない。まして、これは、民事よりも証明度のハードルが高い刑事訴訟なのである。しかし、この事件に携わってきたすべての裁判官たちは、そのような不十分な立証によって有罪を認めてきたのだ。

「本当にこの証拠で有罪にしたのか？　また、再審開始もできないというのか？　刑事裁判というのは、一体どういうことになっているのだろうか？」

それが、私の正直な感想であった。

この事件については、中心となった弁護士で、家裁調査官、衆議院議員の職歴もある伊東秀子氏による『恵庭ＯＬ殺人事件――こうして「犯人」は作られた』〔日本評論社〕がある。再審請求に携わっている弁護士が、その過程でこのような書物を発表するのは、よほどの事情があることを示している。もっとも、私も、元裁判官であり、前記の再審請求棄却決定も出ているので、この書物については、まずは徹底して批判的に読んでみた。

しかし、過度に容疑者に寄り添った記述はほとんどなかった。あえていえば、容疑者が被害者に対してその生前にかけていた無言電話の動機につき、困惑の結果であり、いやがらせの意図まではなかったとしている点くらいであろうか。しかし、ここは内心の微妙な問題であり、全体の中でみれば小さな事柄にすぎない。

以下の記述は、主として伊東書による。また、私の考えを付加する場合にはそのことがわかるようにしている。

この事件では、容疑者は、やはり最初の時点では神経科に入院しなければならないほどの恫喝《どうかつ》的な自白の強要を受けたにもかかわらず、一貫して否認している。そして、犯罪と容疑者を結び付ける直接証拠は一切存在せず、存在するのは情況証拠だけである。

まず、私が裁判官としての経験からそれらの中で唯一重要なものと考えたところの、被害者の携帯電話からの発信記録について検討してみよう。この被害者の携帯電話は、事件後に、何者かによって、容疑者と被害者の勤務していた会社（以下「本件会社」という）の被害者のロッカーに戻されていた。

検察の主張は、この携帯電話からの七回の発信（三月一七日午前〇時五分三一秒から三時二分三八秒まで）の宛先が、容疑者が事件のいくらか前まで交際していた男性（事件発生の五日前から被害者と交際していた）の当時紛失中の携帯電話等本件会社の従業員しか知りえないものであることと、その発信記録が容疑者の足取りにおおむね一致することとを根拠としている。

しかし、そもそも、「被害者の生存偽装目的」での発信という検察の主張は、「発信履歴が消されていた」という事実と矛盾していて疑問であると弁護側は主張する。そのとおりであろう。また、私は、容疑者にとってそのような偽装を行うことにどのようなメリットがあったのか自体定かではないと思う。見晴らしのよい雪原（北海道なので三月には雪がある）の農道脇に死体を放置した以上、それがその場所で早晩発見されることは明らかであり、現に翌朝発見されているからだ。

また、当時の携帯電話には所在位置を特定させるGPS機能は付いておらず、所在方向を示すだけ（基地局からみた携帯電話の所在地が六〇度以内の方角で判明するだけ）であり、したがってその「所在方向」自体にどれだけの意味があるのかもいささか疑問であり、のみならず、その発信履歴を子細にみれば、大まかにいえば容疑者の足取りと一致しているともいえるものの、そうはいえない部分もまた存在する。

さらに、被害者殺害後その携帯電話の発見時（三月一七日午後三時五分）までの着信履歴一七回のほうには、容疑者がずっとその携帯電話を持っていたとすればその足取りからしてありえない「電源断あるいはエリア外」の時間帯があることも大いに疑問である。容疑者が携帯電話を持っていたのなら一時的に電源を切る合理的な理由はなく、また、彼女の足取りからすれば「エリア外」はありえないからだ。

伊東弁護士は、以上のような発信履歴、着信履歴について、「本件会社で働いていた男性を含む複数男性による強姦、殺人、死体損壊」の可能性を視野に入れるなら、犯人の一人が被害者の携帯電話を持って移動した場合の移動に見合った発信履歴、着信履歴とみるほうがより自然であると主張する。確かに、そのような人間の移動地域が容疑者のそれに大筋で近いものであることは十分考えられるし、先の「電源断あるいはエリア外」の時間帯についても、犯人が車による移動で一時的にエリア外に出たと考えるほうが自然である。

また、電話の宛先については、携帯電話の着信履歴とメモリーダイヤルを見てかけられた可能性が高く、したがって、宛先についても、容疑者でなければかけられないようなものではないという(以上につき、伊東書三二頁、一三三頁以下)。

伊東書によれば、実際、本件会社には、かなり不審な人物が存在し、怪しい内容の供述調書が取られているという。同書六三頁以下と四八頁には、次のように述べられている。

この人物の事件当夜のアリバイは妻しか証明できず、また、彼は、問われもしないのに、女子更衣室のロッカーから自分の指紋が出てくるはずであるとしてその理由(素手でそのロッカーを運んだことがある)について供述しており、容疑者が以前交際していた男性に対しては徹底的な敵対感情をもっているとも供述している。さらに、事件から二三日後の四月八日に、マスコミ関係者がいるかどうか確かめに容疑者方に行こうとし、そのアパートの前で彼女に会ったが、なぜか、「会ったことを内緒にしてくれ」と言って別れたと供述している。また、四月一四日の容疑者の任意同行時に、彼女は小柄で犯人とは思えず意外だという気持ちと、彼女一人ではできないのではないかという思いとから、「うちの職場からこうやって連れて行かれる人はまだまだ出る」と同僚に話したとも供述している。

なお、この人物が容疑者と会った四月八日の夜に、彼の歩いていたあたりの草むらから、事件の後に紛失していた「容疑者の携帯電話」が出てきたという事実もある。

なお、被害者の遺体の取っていた姿勢は、一般的焼死体とは異なり足を大きく開いた強姦死体に似た姿勢であり、ブラジャーのワイヤーも大きくずれており、また、陰部と頸部の炭化が特にひどく、強姦殺人の証拠隠滅をうかがわせる状況であった。にもかかわらず、本件では、司法解剖の際に、強姦の有無については調べられていない。

それ以外の情況証拠についても、決定的なものは存在しない。これらについて、簡単に触れてゆこう（伊東書一三七頁以下）。

①容疑者は、事件の前日の夜に一〇ℓの灯油を買っている。

まず、容疑者が事件前夜に灯油を買っていることは事実である。彼女は、自分が疑われていると聞いて動転し、車のトランクに入れたままだった灯油を容器ごと捨ててしまい、自分にとって有利な決定的な証拠を、みずから消滅させてしまった（後に、弁護人たちが探してみたが、発見できなかった）。この事実と、彼女が被害者に無言電話をかけていた事実を隠していたこととが、裁判で彼女に不利に作用することになる。しかし、考えていただきたいが、これらの事実だけでは彼女と犯行を結び付けるにはとても足りない。冤罪事件では、容疑者に、何らかの不利な事情、あるいは、軽微な余罪等がある場合が多い。だからこそ、警察の見込み捜査のターゲットにされることにもなるのだ。

②被害者の携帯電話がそのロッカーに戻されていた。そして、検察の主張によれば、被害者のロッカーの鍵が容疑者の車のグローヴボックスから発見された。

きわめて有力な証拠のようだが、子細に検討するとこれも決定的なものとはいいがたい。まず、事件後に被害者の携帯電話がそのロッカーに戻されていたのは事実であるが、これは、それだけでは容疑者と結び付く事柄ではない。

容疑者の車のグローヴボックスから発見されたとされる被害者のロッカーの鍵については、伊東書によって、警察による証拠捏造の可能性が指摘されている。伊東書によると、この鍵は、四月一四日に警察に証拠として押収されたことになっているが、容疑者にはその記憶がない。証拠を押収する際には、容疑者に対してただちに押収品目録書を交付しなければならないのだが、彼女にはそれをもらった記憶がないのだ。一方、六月一〇日の容疑者宅家宅捜索後に容疑者のバッグのふたが開いており、そこから押収品目録書が発見されている。

以上についての伊東弁護士の見立てはこうだ。

「警察は、被害者のロッカーから持ち帰っていた鍵を容疑者の車のグローヴボックスに入れるという偽装工作をしたが、その際、当然容疑者に交付すべき押収品目録書を容疑者に交付することを忘れてしまった。これが明らかになれば偽装工作がばれてしまう。そこで、やむなく、後の家宅捜索時に容疑者のバッグにしのばせた」

袴田事件で警察がズボンの端布《はぎれ》を袴田氏の自宅から発見したようにみせかけた可能性があると再審開始決定が述べている手口を思い出してほしい。なお、このロッカーの鍵に関する数々の不審事項は伊東書に詳細に記述されている。

③容疑者の車の左前輪タイヤに傷がある。

検察は、このタイヤの傷は炎の熱によるものと主張する。しかし、容疑者が犯行現場にいて死体を焼いたとされるわずか五分間で死体の発見された位置と四五cm離れた道路上の車のタイヤに炎の熱により傷が付くことはおよそ考えにくい。

④四月一五日に、容疑者の家から三・六km離れた森から被害者の焼かれた遺品が発見された。

しかし、昼夜を問わず警察の尾行、張り込みを受けていた容疑者が、監視の目を逃れて、自宅からかなり離れた森まで遺品を焼きに行くことができたとは考えにくい。

要するに、以上の情況証拠は、いずれも、それ自体としては薄弱なものである。

また、この事件では、死体が燃やされ遺棄されたという現場からも、被害者の携帯電話からも、容疑者の指紋、足跡等が一切検出されていない。現場には死体を引きずった跡もない。容疑者の車内でタオル様のものを用いて後ろから首を絞めたとされている犯行態様にもかかわらず、タオル等は発見されていないし、容疑者の車には、被害者の失禁を示す痕跡や血痕がなく、その指紋、毛髪等すら検出されていない。

さらに、容疑者は体格、体力において被害者にかなり劣っており、ことに、生まれつき右手の薬指と小指の発達が遅れた短指症の障害があるため手の力が弱くてバランスも悪く、右手の握力も一九kgと著しく弱い（ラーメンのどんぶりを片手で持てないほど弱い）ため、検察主張のような方法による殺害が可能であるかは、きわめて疑問である。容疑者の車の助手席にはヘッドレストが据え付けられていたため、タオルと首の間に隙間ができて被害者の抵抗が容易であることを考えれば、なおさらのことだ。

第一審判決は、容疑者が「被害者を車両助手席に乗せて何らかの方便で油断させながら後部座席に移動して」としているが、具体的にどのような移動を行ったのか全く不明であり、また、「殺害方法や被害者の抵抗方法の如何によっては、非力な犯人が体力差を克服して自分に無傷で被害者を殺害することは十分に可能である」ともしているが、民事系裁判官の感覚からしても、無理やりの強引な物言いであるように感じられる。小柄な女性（絞殺だけで精根尽きているはずであろう）が、一人で、自分よりも重い死体を、間髪を容れずに抱えて車両外に下ろした(したがって、車内にも車外にも痕跡が残らなかった)との認定も、同様にきわめて強引である。

次に、本件の決定的な問題点である容疑者のアリバイについて触れよう。

本件においては、検察が、犯行時刻を恣意的に変更している。逮捕状では、容疑者が被害者を絞殺後死体に火を放った時刻は、午後一一時一五分ころとされていたのだが、起訴状では前記のとおり午後一一時ころに改められている。検察は、なぜ、そのような重要な事実をあっさりと変更したのだろうか?

実は、容疑者は、当初の犯行推定時刻のわずか一五分後である一一時三〇分に、犯行現場から約一五㎞も離れたガソリンスタンドに立ち寄っていたのである。警察や第一審裁判所が行った走行実験によれば現場からガソリンスタンドまでは速度超過をしても二〇分程度はかかる。検察も認めるところによれば、一五分だと、街路灯もない凍結した夜道を時速一〇〇㎞で走ったことになるという。逮捕状に記載された一一時一五分に死体に火を放ち、検察主張のとおり五分間焼いてから移動したのでは、移動時間はさらに短い一〇分となり、到底ガソリンスタンドにたどりつけないことになる。要は、その時刻だと、容疑者のアリバイがほぼ完全に成立してしまうのだ。

検察は、この不都合な事実関係をおおい隠すために、様々な「隠蔽工作」を行っている。まず、検察は、容疑者がガソリンスタンドに立ち寄った時刻について、実際には、レシートに印字されていた一一時三六分よりも早い一一時三〇分四三秒であったことを示すビデオテープが存在したにもかかわらずそれを隠していた。本件ではこの六分の相違が非常に重要であることは明らかだ。

さらに驚くべきことに、検察は、事件現場の近くに停車している二台の車を見たという主婦Aさんの供述調書も隠していた。Aさんは、一一時六分過ぎころと一一時二〇分過ぎころに二台の車を見、二回目のときにはうちの一台の屋根越しに赤い光（炎）を見たと、第一審における審理の終盤に、公判廷で供述した。この二台の車は、死体が燃える状況を見届けていた真犯人たちのものである可能性がある。

第一審判決は、これについて、「〔無関係な第三者が〕ゴミ焼き等による炎上として〔そのように誤解して〕単に傍観していた」と推認する。しかし、そんな時刻に人気《ひとけ》のない雪原でゴミを焼く人物がいるはずはないし、不審な炎を、「ゴミ焼きによる炎と誤解しつつも手をこまねいて傍観し続ける」酔狂な「第三者」がいるのかも、きわめて疑問であろう。

以上の時間的関係をも含め、第一審判決（札幌地裁二〇〇三年〔平成一五年〕三月二六日、遠藤和正裁判長）は、容疑者が、午後一一時五分ころまでに、容疑者の車の中で、後部座席からタオル様のものを用いて被害者の首を絞めて殺し、一一時五分ころ、一〇ℓの灯油を用いて死体に火を放ち、一一時一〇分ころに現場を出て一一時三六分（なお、控訴審判決〔札幌高裁二〇〇五年〔平成一七年〕九月二九日、長島幸太郎裁判長〕は「三〇分」とした）にはガソリンスタンドに立ち寄って給油を行ったとしている。要するに、事実認定を固めた控訴審は、「容疑者は犯行現場からガソリンスタンドまで二〇分で到達した」としているわけだ。

ところで、被害者の焼死体は内臓まで炭化し、体重が約九kgも減少しており、検察主張のように容疑者の購入した一〇ℓの灯油で、また、「容疑者は五分間だけ現場にいた」という裁判所認定の事実関係の下に焼かれたものとは考えにくい。そのことは、豚を用いて行われた警察、弁護側双方の焼燬《しょうき》実験によっても裏付けられている。

いずれの実験でも、豚の内部組織は生《なま》のままであり、また、炎の強さは着火後一分以内に最大になっているのだ。さらに、被害者の遺体を扱った納棺業者は、「灯油を何回もかけ時間をかけてじっくり焼いたか、ガソリンかジェット燃料で焼いたように思われる」旨弁護人に供述している。

なお、この事件では、捜査担当の主任検察官が、起訴の際に、一人で容疑者を訪ねてきて「とうとう起訴することになった。頑張って欲しい」と伝言していったという。捜査主任検察官の心中に秘められた「迷い、疑念、良心の痛み」を示す事実である。現場の刑事たちの中にも、「彼女は犯人ではない」と言う者がいたという。こうしたことも、冤罪事件では時折みられることである。検察、警察の中にも存在する「良心」が、ちらりと顔を覗かせるのだ。

再審請求が棄却されているという事案の性質上、かなり詳しく記してきたが、検察の主張や第一審、控訴審各判決の認定には、ほかにも多々疑問が存在する。

付言すれば、控訴審の裁判長は、公判前の三者協議の席上で、「被告人はどうも嘘をついているようだから、被告人質問の回数も制限的に考えています」と発言した（口をすべらせた）ということである（伊東書二一九頁）。これもまた、常識では到底考えられない、信じられない事柄である。

再審請求においては、検察のシナリオを疑わせる重要な証拠がさらに現れた（この証拠もまた隠匿されていたのである）。現場付近で炎を見たという別の女性Bさんの、「午後一一時一五分ころ、二二分ころ、四二分ころ、午前〇時五分ころの合計四回にわたって炎を見た。うち一回目と三回目は大きなオレンジ色の炎だった」という内容の供述調書等（それらを素直に読めば右のとおりの内容となる）が開示され、真犯人たちが、現場で、容疑者がガソリンスタンドに立ち寄った時刻以降まで、死体を燃やし続けていた可能性が示唆されたのだ。

一一時四二分ころにも炎が大きかったことは、そのころ燃料が追加されたことをうかがわせる。一〇ℓの灯油だけでは、炎はすぐに小さくなってしまうはずだからだ（伊東書一六六頁）。なお、Bさんは、炎を見た三人の目撃証人のうちの一人である。本件における各目撃者は、それぞれ、現場から数百m離れた異なった場所から、炎や二台の車を目撃していたものであり、相互に連絡も面識もない。

再審請求棄却決定は、たとえば、死体の燃焼の程度については「皮下脂肪が溶け出せば不可能とはいえない」とし、現場付近で炎を見たBさんは「炎だけでなくその上部の微粒子による反射部分をも含めて大きな炎を見たと言っている可能性もある」としている。

また、Bさんが最初に大きな炎を見た一一時一五分（すなわち容疑者は少なくともその直前まで現場にいた可能性が高い）から容疑者がガソリンスタンドに着いた一一時三〇分までには一五分しかなく、そうすると「容疑者にはアリバイが成立する可能性が一応はある」（なぜなら、前記のとおり、一五分だと、容疑者は、街路灯もない凍結した夜道を時速一〇〇㎞で走ったことになってしまうからである〔瀬木〕）が、しかし、「やはりそうでない可能性もある」とし、また、炎の目撃者の各供述をきわめて恣意的に評価して、以上のような認定判断とつじつまを合わせている。

全体として、この裁判の証拠評価は本当にほしいままで、呆然とせざるをえない。

「片手でどんぶりも持てない小柄で非力な女性が、被害者に怪しまれることなく車の運転席から後部座席にいつの間にか移動し、自分より体格、体力のまさった被害者を、後方から、ヘッドレスト等に妨げられることもなく、やすやすと、また、一切の痕跡を残さず絞殺し、自分より重い死体を間髪を容れずに抱えて車両外に下ろし、きわめて短時間のうちに、そしてわずか一〇ℓの灯油で、内臓が炭化するまで焼き尽くし、さらに街路灯もない凍結した夜道を時速一〇〇㎞で走ってアリバイ作りをした」

もしも、シナリオライターがこんなシナリオを書いて映画会社に提出したら、こう言われるのではないだろうか？

「あなた、こんな設定、成り立ちっこないでしょう？　いくら何でも、御都合主義がすぎますよ」

裁判官たちは、有罪推定どころか、可能性に可能性を重ね、無理に無理を重ね、何としてでも「有罪」という結論に到達しようと、なりふり構わず突き進んでいる印象がある。

袴田事件、足利事件、東電ＯＬ殺人事件のように再審請求にＤＮＡ型鑑定等の強力な裏付けがある場合はよいが、そうでない限りこのような強引な事実認定が通ってしまうことがありうるのかと思うと、元裁判官として、本当に暗澹《あんたん》たる気持ちにならざるをえない。

私は、はっきりいって、これは「暗黒裁判」ではないかと思う。読者も、本当に気を付けられたほうがいい。日本の刑事司法においては、いったん警察、検察に目を付けられたら、裁判官がむしろ例外的な良識派でない限り、どうがんばっても、有罪を免れることはできない。再審も開始されない。国策捜査の標的とされた者の立場から書かれた後記『国家の罠』の中にある「『あがり』は全《すべ》て地獄の双六《すごろく》」という言葉は、決して誇張ではないのだ。

弁護団（前記の木谷明弁護士も、メンバーに入っている）を含む関係者は、弁護側に好意的と感じられた審理中の裁判長の言動をも考慮し、当然再審開始決定が下されるものと予期しており、そのため、先の再審請求棄却決定については、裁判官に何らかの圧力がかかったのではないかとの推測まで出たという。また、木谷弁護士は、決定のあまりのずさんさに失望と怒りを隠さなかったともいう。

この事件についての私の見解をまとめておこう。

民事訴訟は、多くの場合、双方のストーリーのせめぎ合いであるが、一方で原告主張のストーリーに相当のほころび、あるいは、一貫した説明を困難にするような事情があり、他方で被告主張のストーリーにそれなりの一貫性があれば、請求を棄却するのが普通である。その原則をこの事件に当てはめれば、つまり、民事訴訟の感覚で判断しても、検察の請求を認めることは難しい。まして、これは「疑わしきは罰せず」の刑事訴訟なのだから、無罪という結論はあまりにも当然ではないかと考える。陪審員裁判が行われるアメリカの法廷でも、これで有罪はありえないであろう。

私は、若いころに、ある刑事系の有力裁判官が「刑事裁判は、その結論により、場合によってはやめなきゃならんようなこともあるからなあ……」と問わず語りに語るのを聴き、「ああ、刑事は民事とは違うんだ……」と思ったことがあるのを、はっきりと記憶している。考えにくいことではあるが、刑事の重大事件の背後には、民事系の裁判官であった私にさえ想像もつかないような深い闇が広がっている可能性が、もしかしたらあるのだろうか？　あるいは、これは、後に述べるような、日本の裁判官の精神構造にひそむある種の「病理」のなせる業《わざ》なのだろうか？

自白はいかにして作られるか？

ここで、冤罪事件における自白の作られ方に触れておこう。

冤罪事件は、ほとんどの場合、捜査官の見込み捜査によって作られる。捜査官は、任意の取調べの時点からすでに予断をもっており、逮捕後は、容疑者をおどしたりなだめたりしながら、自分の考えているストーリーに関する情報を小出しに与えてゆく。最初は困惑していた容疑者は、外部と遮断された密室で過酷な取調べを受け続けるうちに、自分の記憶に自信がもてなくなり、つい、比較的問題のなさそうな小さな事実の可能性を、「もしかしたら……」といった形で認める。そうすると、捜査官は、それを足がかりにし、さらに犯罪の核心に近いヒントを与え、捜査官のストーリーに沿った供述を固めてゆく。要するに、「作られた物語」の、「圧倒的な権力を背景にした一方的な押し付け」である。こうした捜査官の手口は、多数の冤罪事件で驚くほど似通っている。

このような捜査の結果、たとえば、土田・日石・ピース缶爆弾事件（事件発生は一九六九〜七一年）では、赤軍派活動家一人と、彼と個人的な親交はあったが政治活動はしていなかった一七人の若者が逮捕され、二人を除く全員が、一連の一大公安事件について虚偽の自白を行ったのである。また、富士高校放火事件（事件発生は一九七三年）では、容疑者の若者は、人間国宝に指定されていた芸術家との同性愛関係を暴露してやる、その芸術家の家族もしょっぴいて取り調べてやる、などとおどされて自白をしている。この種の卑劣なおどしも、まま使われる方法だ（いずれの事件も、裁判では無罪となっている。なお、図書館でも見付けにくいかもしれないが、筑摩書房から短期間出ていた雑誌「終末から」の終刊号〔一九七四年一〇月号〕に、この二つの事件の冤罪被害者たちの詳しい手記が掲載されている）。

それでは、なぜこんなにしてまで自白を得る必要があるのか？　これは、第1章で触れた「べったりリアリズム」、つまり、事実は誰にとっても一つでありかつそれは究明できるはずであるという日本人特有の素朴な認識論、その結果としての、「作られた物語への執着と依存」ということに、おそらくその淵源があると思う。

物言わぬ物的証拠だけでは何となく気持ちが悪く、整った、また、膨大な供述調書による「物語」を中心として刑事訴訟を組み立てることをよしとする気風は、刑事訴訟を、「犯罪があったか否かを判断する場所」ではなく、「事件の背景や動機までをも詳細に明らかにし、被告人に罪を認めさせ、反省させ、謝らせる場所」として観念する、そうした特異な「感じ方」とも関連していよう。

結局、この、「自白偏重傾向」が「恫喝的、非人間的な人質司法」を正当化しているのであり、その意味では、冤罪には、国民、市民、その代表としてのマスメディアの、刑事司法に対する意識のあり方に原因がある部分も存在する。残念ながら、そのことは否定できないと思う。

このような日本の刑事司法のあり方については、戦後刑事法学のリベラル派を代表する存在の一人であった平野龍一教授（東京大学）が、すでに一九八五年の時点で、「わが国の刑事裁判はかなり絶望的である」と書いている（「現行刑事訴訟の診断」『団藤重光博士古稀祝賀論文集』〔有斐閣〕第四巻四二三頁)。刑事裁判に絶望していたのは、決して私だけではない。

日本の刑事司法は中世並み？

有罪率九九・九%という日本の刑事司法のあり方は、明らかに異常である。無罪率がこれほど低いと、無罪は稀有の例外、例外中の例外ということにならざるをえないから、有罪と無罪のボーダーラインの事件について、どうしても、裁判官の判断の秤は、最初から有罪のほうに傾いてしまいやすい。よほど良心的でしっかりした裁判官でない限り、「何とかつじつまを合わせて有罪の方向で終わらせたい」という気持ちにブレーキをかけられないというのが真相なのではないか？　私はそう推測している。

裁判員の守秘義務(『絶望』一五三頁以下)によって外部に情報が漏れないようにされているが、刑事系裁判官の多くは、裁判員たちに対しても、同様の説明や誘導を行っている可能性が否定できない。それでも、裁判員裁判事件に限ってみれば有罪率が九九・五%(最高裁判所事務総局の「裁判員裁判実施状況の検証報告書」〔二〇一二年一二月〕による)と裁判官だけによる裁判よりは低い(無罪率が何倍も高い)ことには注意すべきである。後に提言するとおり裁判員制度が被告人選択制の陪審員制度に移行すれば、状況はかなり異なってくるに違いない。

高い有罪率の陰に一体どれだけ多くの冤罪が眠っており、どれだけ多くの無実の人々の涙が流されたか、その可能性を考えると、本当に慄然とせざるをえない。

このような日本の刑事司法の現状を改善するには、取調べの全面的可視化、取調べに対する弁護人の立会権の保障、代用監獄の廃止、勾留の必要性についての厳格な審査、後記のような証拠開示のさらなる充実、無罪判決に対する検察の上訴権の廃止等が必要である。これらについては、すでに多数の法律家やジャーナリストが主張してきている（なお、取調べの可視化等について議論してきた法制審議会「新時代の刑事司法制度特別部会」が二〇一四年七月九日に了承し、同年九月一八日の法制審議会で採択され、法相に答申された改正要綱〔今後関連法案国会提出の予定〕は、前記のような観点からみればきわめて不十分なものであるのみならず、検察、警察の権限拡大を含む「焼け太り」的な内容のものとなっている。当然といえば当然のことであるが、刑事系裁判官、一部学者をも含めた「刑事司法ムラ」の改革拒絶反応・悪用体質は、「最高裁事務総局・司法行政ムラ」と何ら変わらない）。

「人質司法」をやめさせるためには、刑事裁判を専門に担当する刑事系裁判官という集団をなるべく小さくし、多数の裁判官が、随時、民事、刑事、家事、少年等の裁判を交替で担当してゆく方式に早期に切り替えることが望ましい。また、長期的には、法曹一元制度、すなわち、相当の期間弁護士等の法律家経験を積んだ者から裁判官・検察官を選任する制度を、裁判官のみならず検察官についても採用することが、最も健全な方法、目標であろう。

日本の刑事訴訟における当事者主義は、大きな権力、捜査能力、情報をもった組織である検察と、力や情報においてはるかに劣り不利な立場にある弁護側とを対等のものとみているが、ここにも無理がある。たとえば、裁判員制度導入に伴い導入され、裁判員裁判事件については必ず行うこととされている公判前整理手続（公判前における争点と証拠の整理手続）終了後は、原則として新たな証拠調べ請求は制限され、主張についても同様と解されているが、弁護側については、証拠の追加申請や主張の追加変更を広く認めてゆくべきであろう。

もっとも、公判前整理手続には、これまで非常にハードルの高かった検察側の証拠開示が大幅に認められるようになったという利点もある。今後は、こうした証拠開示制度が再審請求にも拡大されてゆくことが必要である。本来、再審段階における証拠開示は、従来証拠開示を認めない第一の理由として一般的に主張されてきた「証拠隠滅の恐れ」が再審段階ではほとんどありえないことを考えるならば、通常の刑事訴訟の場合より広く認められるべきであるとの意見もある。そのとおりであろう。

欧米でも、有罪判決確定後も証拠を保存、保管する方向、また、刑事司法のいかなる段階においても弁護側の証拠へのアクセスを広く認める方向への立法や判例による着実な動きがみられるのであり、日本の「密室刑事司法」は相当に欧米標準、世界標準（欧米民主国家に限られない世界標準）を外れたものになってきている。世界標準という趣旨は、新興国における立法作業ではその時点における先進諸国での最新の立法が採り入れられるため、かえってフェアネスや透明性の高い法制度となる場合が多いからである。

二〇一三年五月、ジュネーブの国連拷問禁止委員会において、日本政府報告書の第二回審査が行われた際、アフリカの最高裁判事が、「自白偏重で取調べに弁護人の立会権もない日本の刑事司法は、中世並みではないか？」という趣旨の発言を行った。これに対し、日本の人権人道担当大使は「日本は刑事司法の分野で最も先進的な国の一つだ」と答え、会場から苦笑が漏れると、さらに、「笑うな。シャラップ」と発言して会場を静まりかえらせた。

このやりとりは、インターネットを通じて、たちまち世界中に広まってしまった。日本でも、多数のブログ、記事、書物に記載があるが、感情をむき出しにした反応は、日本の現状にいかに問題が大きいかを認めたも同然であり、かなり恥ずかしい事態であるといわなければならない。それにしても、こういう情報時代においては、しかるべき場所には、最低限自分の発言のもつ意味に気付くことのできる水準の人を出すべきではないだろうか？　近年の日本政府やその首脳部、政治家や官僚の悲しむべきレヴェルの低さ、意識の低さを象徴する出来事のように思われる。

なお、このように、司法の成熟度や民主化の度合いは、その国の国際的評価に深く関わる事柄であることにも留意すべきである。司法制度が整っていない、あるいは民主的でない国家が他国から高い評価を受けることは、大変難しい。日本の場合には、刑事司法の場合に典型的であるが、和洋折衷で形成された古い制度の維持にこだわるために制度の「ガラパゴス化」が生じつつあることに注意すべきなのである。

刑事訴訟は、さまざまな利害や価値観が先鋭に対立する場所であるという意味では、民事訴訟以上に難しい。だからこそ、感情で判断せず、冷静に、虚心に、事件の本質と個別性を見詰めることが、民事訴訟以上に重要なのだ。にもかかわらず、日本の刑事司法、刑事訴訟は、また、それらを取り巻く状況は、相当に古い非民主的な体質のままである。

そのような状況をみれば、袴田事件再審開始決定は評価すべきものであるが、それが高い注目を集めるのは、裏を返せば、刑事司法全体の体質が古く、検察、警察、裁判官が、冤罪の残酷さや悲惨さを十分に認識しておらず、恵庭ＯＬ殺人事件の例にみるような不当な裁判が今なおかなり多いからである。ある程度調べてみただけでも、恵庭ＯＬ殺人事件は稀有な例外などではない可能性が高いと思われるのだ。この事実には、戦慄するほかない。「かまわないさ。監獄に入るのは俺じゃないからな。再審については、開始すれば世論の批判を浴びるだけだから、ともかく固く蓋《ふた》をしておこうぜ」というのが、彼らの基本的感覚ではないかと感じられるのだ。

そして、裁判官、検察官の多数派の「お上的な体質」が一向に変わらないのであれば、国民、市民のほうが、冷静かつ客観的な眼をもってそれに対処し、継続的な監視と批判を行ってゆく必要がある。メディアも、再審開始の場合には大きく報道するが棄却の場合にはそれでおしまいという安易な報道姿勢を改め、せめて、決定の当否をきちんと分析し、それに問題があると思われる場合にはきちんと検証を続けてほしい。警察、検察、裁判所の発表に基づく報道を行うだけなら、それは、「客観性を装った権力広報」にすぎないのではないだろうか?

2 民主主義国家の理念と基本原則に反する国策捜査

国策捜査とは、前記のとおり、何らかの政治的意図に基づいて、また、世論の風向きや空気をも読みながら行われる捜査、ことに特捜検察のそれを指して用いられる言葉である。なお、特捜検察とは、政治家の汚職、大型の脱税・経済事犯等の大規模事件を取り扱う検察庁特別捜査部の略称であり、東京、大阪、名古屋の各地方検察庁に設置されている。特捜部は、警察に任せず、当初から、みずから捜査を行う場合が多い。

このような国策捜査には、かつては、政治の腐敗を正すなど一定の意味がないではなかったが、近年では、むしろ、その消極面が大きくクローズアップされるようになってきている。

元々、国策捜査は、見込み捜査の検察版であることが多く、冤罪の可能性も高く、また、狙い撃ち捜査・起訴という意味で、きわめて不公平、不公正であり、民主主義国家の理念と基本原則に反するものである。国策捜査が過去に一定の積極的意味をもちえたとすれば、それは、一《いっ》にかかって、その時点における日本という国家の体質がきわめて前近代的であり、そうした荒療治がなければ不正を正すことができなかったからではないかと私は考えている。ある程度民主主義が成熟した社会では、国策捜査は、むしろそのデメリットのほうが大きく出やすいのだ。

国策捜査については、まず、無罪になる例がかなり多い。日本の刑事裁判で無罪になるのは、ほぼ「明々白々のシロ」の場合である。裁判官が検察やメディア、世論の圧力を感じやすい国策捜査ではなおさらのことだ。つまり、いかに無理の大きい見込み捜査、起訴だったかということなのである。

その例が、たとえば、事件当時厚生労働省の課長であった村木厚子氏が無罪となった郵便不正事件（二〇〇四年。以下、国策捜査の年号は検察主張の起訴事実の年を示す）である。この事件では、主任検察官が証拠物であるフロッピーディスクを改ざんしたことが発覚し、三人の検察官が逮捕、有罪とされ、前記の主任検察官は実刑となった。

また、小沢一郎氏が無罪となった陸山会事件（二〇〇四、〇五年）も、当初の報道時から、裁判官であった私でさえ、どこがそんなに重大な犯罪なのか、新聞をよくよく読んでみないとわからない（より正確にいえば、いくら読んでもなおよくわからない）ような内容だったのであり、小沢氏の無罪は刑事裁判の原則から当然として、その秘書たちについても、本当に「起訴相当」であったのか、疑問がないではない。政治資金収支報告書の虚偽記載が政治資金規正法違反に当たるというのだが、検察主張によっても、要するに記載のあり方がずさんであるというにとどまり、限りなく形式犯に近い内容なのである。

そして、この事件でも、検察官が、石川知裕《ともひろ》衆議院議員からの事情聴取に基づく捜査報告書を検察審査会に提出し、これが検察審査会の二回の起訴議決につながったとされているところ、その捜査報告書の内容が、後記佐藤優《まさる》氏のアドヴァイスに基づいて石川議員が録音していた聴取の内容と全く異なっていることが明らかにされた。ところが、この件に関する検察官らに対する処分は、村木事件における検察官らに対するものとは全く異なり、起訴すら行われず、内容虚偽の捜査報告書を作成した検察官だけが詰め腹を切らされて辞職することで決着するという、大甘のものだったのである。

しかし、実際には、検察は、小沢氏について、不起訴としながら陰では検察審査会を利用して立件を図っていた疑いがある。つまり、前記の虚偽報告書作成は組織の方針に従って行われた行為であった疑いがあるということだ。

この件については、法律実務家経験の長い法務大臣の小川敏夫氏が虚偽報告書の作成に関して捜査を指示する指揮権発動を野田佳彦首相に相談したものの認められず、直後に大臣を更迭《こうてつ》されるという異常事態までが起こっている。小川氏は、このことにつき、後記『検察崩壊』中の対談において、「検察の暴走は平成の二・二六事件であり、検察は今後五〇年間信頼を回復できない」旨発言しているが、私も、ある意味ではそのくらい重大な問題ではないかと思う。

いずれにせよ、村木事件、小沢事件における特捜検察の捜査能力の低下、モラルの低下、事案の本質をみる力の低下は、目をおおいたくなるものである。冤罪事件における警察のずさんな見込み捜査と何ら変わりのないレヴェルまで落ちてしまっているのだ。

オウム真理教事件等の弁護人、死刑廃止論者として知られる安田好弘《よしひろ》弁護士が強制執行妨害（差押えを免れるための賃料隠しを顧問先会社に指示したという内容）で起訴された安田事件（一九九三〜九六年）では、法定刑二年の事件で一〇か月近くも勾留が続き、五回目の請求以降は、地裁が保釈を認め、検察の抗告で高裁がこれを取り消すという異例の事態が続き、九回目でようやく保釈が認められた。

第一審では、安田弁護士が賃料隠しを指示したとされる金額とほぼ同額を、検察側証人である前記会社経理係の女性が横領していたことが判明し、検察の描いた構図は崩れて、安田氏は無罪となった（東京地裁二〇〇三年〔平成一五年〕一二月二四日、川口政明裁判長）。にもかかわらず、結局、控訴審では、安田氏は、幇助犯として五〇万円の罰金に処せられるという奇妙な形で決着をみている（東京高裁二〇〇八年〔平成二〇年〕四月二三日、池田耕平裁判長）。

控訴審判決には、安田弁護士が評したとおり、検察の面子を立てながら安田弁護士の弁護士資格剝奪を回避する「政治的決着」という側面が強いように感じられる。また、安田弁護士の起訴については、安田弁護士が国選弁護人を務めていたオウム裁判の進捗状況に手を焼いていた検察が安田弁護士に強い反感を抱いていたという背景も、否定できないところであろう。

安田弁護士については、引受け手の少ない凶悪な刑事事件の弁護を手がける貴重な存在であると評価する人も多いが、その弁護手法や内容の中には、批判がありうるものも存在すると思う。私自身、疑問を感じる部分もある。しかし、いずれにせよ、安田弁護士の起訴は、狙い撃ち的な性格が強い不当なものであった。

さらに、ライブドア事件の堀江貴文《たかふみ》氏に関する証券取引法違反（二〇〇四年）や、やはり国策捜査事件であった鈴木宗男氏事件関連の佐藤優氏に関する罪状のうち少なくとも背任（二〇〇〇年）についても、そもそも起訴に値する事件なのか、また、前者については実刑が相当なのか、後者については本当に有罪であるのか、疑問が大きいものであった（ライブドア事件については、東京地裁二〇〇七年〔平成一九年〕三月一六日、小坂敏幸裁判長。東京高裁二〇〇八年〔平成二〇年〕七月二五日、長岡哲次裁判長。佐藤氏の事件については、東京地裁二〇〇五年〔平成一七年〕二月一七日、安井久治《ひさはる》裁判長。東京高裁二〇〇七年〔平成一九年〕一月三一日、高橋省吾《しょうご》裁判長）。

堀江氏の事件のうち偽計および風説の流布については起訴事実の内容からしてその構成要件に該当すると評価できるようなものなのかいささか疑問を感じるし、有価証券報告書の虚偽記載については、完全子会社化する予定の会社に対する架空売上げを計上した（事実上の子会社の財産を本体に移し替えたことになる。後記『官僚とメディア』一三七頁）、ライブドアが出資する投資事業組合がライブドア株式を売却することで得た利益をライブドアの売上げに計上したといった、法律や会計に詳しい人物でなければその違法性を認識することが必ずしも容易ではない内容である。いずれにせよ、少なくとも実刑が相当とは考えにくい。

佐藤氏の背任については、有名な大学教授夫妻をイスラエルから日本に招待した費用と、テルアビブ大学主催の国際学会に民間の学者と外務省のメンバーを派遣した際の費用とを外務省の支援委員会から引き出して支払ったというものであるが、支出には外務省内の決裁を得ており、決裁を経ていても違法な支出でないとはいえない、という判決の理屈は、かなり無理が大きいように思われる。

国家が以上のような不公平でかたよった権力行使を行うことは、民主主義の弱体化を招くばかりでなく、体制全体をファシズム化させる危険性もあり、また、前記のとおり日本の国際的評価をもそこなう事柄である。さらに、こうした国策捜査は、社会全体に大きな萎縮効果をもたらし、その活力をそぎ、人々の間に事なかれ主義を蔓延《まんえん》させるという意味でも、害が大きい（以上については、弘中淳一郎『無罪請負人――刑事弁護とは何か？』〔角川ONEテーマ21新書〕、魚住昭『特捜検察の闇』〔文春文庫〕、同『官僚とメディア』〔角川ONEテーマ21新書〕、佐藤優『国家の罠――外務省のラスプーチンと呼ばれて』〔新潮文庫〕、郷原信郎《のぶお》『検察崩壊――失われた正義』〔毎日新聞社〕等を参考にさせていただいた）。

実は、以上のような国策捜査、それに沿った形の国策裁判（前記のとおり無罪判決も出ているが）については、民事系裁判官の間にも批判はあり、「多くの人間がやっていたような行為について狙い撃ち起訴が行われたことは明らかなのに、実刑判決を下してその人物を社会から抹殺したり、判決中で極悪人、国賊のように非難するのはおかしい。メディアや世論に迎合するにも程があるのではないか?」、「近年の国策捜査は目に余るものがある。あれにきちんとブレーキがかけられない刑事系裁判官のあり方はきわめて疑問であり、よく理解できない」といった意見を、私も、耳にしたことがある。国策捜査は、弁護士のみならず、良識派の民事系裁判官たちの目からみても、ゆがんだ、いびつなものなのである。

佐藤書における「国策捜査は時代にけじめを付け、社会の変化を促すために必要なもの。たまたま引っかかった有能な人々は、お気の毒だが、我慢して執行猶予になって再起してもらいたい」といった趣旨の検察官の言い分は、実に手前勝手で傲慢《ごうまん》きわまりないものであり、同じ法律家としても、一自由主義者としても、到底許容できるものではない。

なお、同書において佐藤氏と担当検察官との間に成立している敵どうしの奇妙な友情については、権力と個人の関係を、リアリズムの権謀術数《じゅつすう》を軸に、また、国家的利益に大きな比重を置いて考える一匹狼的官僚どうしで引き合うものがあったということなのであろうが、私は、いささか違和感を覚えた。国家権力としての検察の強大な力を認める(またある意味評価する)一方司法権の独立など最初から信じていないと明言する佐藤氏の考え方と、担当検察官の「裁判なんて時間の無駄だよ」という佐藤氏への助言とは、その根底にある世界観においてかなりの程度に一致している(佐藤書三〇九頁、四一二頁、四四八頁)。

いずれにせよ、特捜検察については、その現状をみる限り、どうみても、デメリットがメリットを上回る状況となっているのではないだろうか？　元検察官の間にさえ、批判の声はかなり強いようである。最高裁判所事務総局同様、組織の維持と権益確保が自己目的と化することによって、数々の弊害が生じているのではないだろうか？　アメリカのように、政治の腐敗については、事件限りで任命された特別検察官が捜査、起訴を行う方式のほうが、まだしも健全であるように思われる。

また、一般的にも、検察の起訴権限に歯止めをかけるような法的、制度的な仕組みの構築がぜひとも必要ではないかと考える。

最後に、国策捜査については、検察のリークする見込みや捜査情報をそのまま報道し、起訴や裁判についても、検察を正義の味方とほめたたえる迎合記事、かつての要人や成功者たちをこてんぱんに叩いて人々の感情に訴える俗受け記事を書き続ける（ことが多い）マスメディアの罪もまた重い。このことは、元共同通信記者であった魚住氏の『官僚とメディア』と弘中書が、厳しく指摘している。

こうした報道は、「ざまあみろ」という人々の報復的感情をかき立て、スケープゴートを屠《ほふ》ることによって結局は本質的な問題から目をそらさせるものであり、その果たしている役割からいえば、およそほめられたものではない。その意味では、全国紙の報道は、一般市民の信頼度が高いことから人々に影響を与える度合いも大きく、したがって、その責任も、週刊誌やテレビのそれ以上に大きい。また、前記のとおり、一般の冤罪事件でも、メディアが警察のリーク情報を無批判に流して「推定有罪」の下地を作っている場合はきわめて多い。

冤罪や国策捜査に関し、残念ながら、日本のメディアには、大きな責任があると思う。万が一にでも「死後の世界」があった場合には、無責任な報道を行った人々も、冤罪や問題含みの国策捜査・裁判に関わった人々同様、そこにおける「裁き」を免れることは難しい。この書物の冒頭に掲げたエピグラフどおり、「あなたがたは、みずからの裁きによって裁かれ、みずからの秤《はかり》によって量《はか》られる」ことになるだろう。

3　あなたが裁判員となった場合には……

最後に、裁判員制度にも触れておきたい。

『絶望』（二四九頁以下）で、私は、現行制度について三つの批判、提言を行った。

第一は、一定範囲の重大事件すべてについて裁判員裁判を行う必要はなく、被告人が無罪を主張して争い、また市民の裁判を求める事案に限って、しかし、そのような事案については軽微な事件をも含めて一般的に、市民参加の裁判を保障すべきだという主張である。第二は、本当に市民を信頼しているのなら、合議体に三人もの裁判官が入る必要はないという主張である（一人で十分であろう）。

第三は、裁判員に課せられている守秘義務の範囲が広すぎ、また、違反した場合の刑罰が重すぎるという主張である。守秘義務の対象は評議における意見の具体的な発言者氏名や個人のプライヴァシーに限定すべきであるし、刑罰、ことに懲役刑は非常識きわまりない。

しかし、書物自体に対する反響は大きかったにもかかわらず、専門家からもメディアからも、以上のような点に関する限り、目立った応答はない（新聞が、制度発足から五年目の社説で微温的に触れた程度である）。

だが、たとえば裁判員に不必要に広範な守秘義務を課し、それを懲役刑で担保するなどといったことは、明らかに、国際的な非常識である。陪審制のとられている国でこのような立法を行おうとしたら、その政治家の首は確実に飛ぶ（政治生命が終わる）であろう。前記の私の分析は、決して、かたよったものでも非常識なものでもなく、欧米の、市民社会の常識、国際標準に基づくものにすぎないのだ。裁判員裁判法（裁判員の参加する刑事裁判に関する法律）は裁判所当局にとって都合のよい権益確保立法という性格があまりにも強すぎる。かつての裁判所であれば、さすがに、このような問題含みの法律は作らなかったのではないかと思う（もちろん立法自体は国会が行うが、法案作成には裁判所も関与している）。

もしも、前記のようなメディア等の沈黙が、「裁判員制度は大筋民主的な制度のはずだから、あるいはそのように考えられているから、問題があっても批判、分析はしない」などといった大ざっぱな価値観に基づくものであるなら、あるいは、より端的に、「裁判員制度は批判も分析もせず」という「みえない掟」の結果であるなら、それはきわめて危険な兆候であろう。また、司法制度改革に関わった学者の中には、「裁判員制度については制度構想の際に十分検討したのだからもう議論する必要はない」などといった発言をする人もいると聞くが、もしもそれが本当であるなら、御用学者のそしりを免れないであろう。

なお、犯行現場の凄惨《せいさん》な写真をみだりに陪審員に見せないのも、アメリカでは常識である。たとえば死因の立証のためにどうしても必要であるなど、そうすべき必要性が高い場合に限定して示すことが許される。こうした写真は、陪審員の理性的な判断を妨げる恐れがあるからだ。

ところが、日本では、裁判員に対してこうした写真を見せることが一般的に行われており、このことに関する刑事系裁判官の認識も、一般的に、かなり鈍い。これについては、二〇一三年五月に、裁判員として殺害現場の写真を見せられて急性ストレス障害になったという女性から国家賠償請求訴訟が提起されたが、マスメディアの関心はやはりあまり高くなかった（福島地裁二〇一四年〔平成二六年〕九月三〇日判決〔潮見《しおみ》直之裁判長〕により棄却）。

さらに、本書では、現行制度に関するもう一つの大きな問題点を指摘しておきたい。それは、裁判員裁判の評決である。アメリカの刑事陪審は全員一致が原則であり、全員一致の評決に至らない場合は「評決不成立」となって、新たな陪審員が選ばれ、もう一度トライアルをやり直すことになる。やはり陪審制のイギリスでは、少数意見がごくわずかなら評決が成立する。これに対し、日本の裁判員裁判は、評決についてはもちろん裁判官も裁判員も平等であるものの、過半数の多数決で結論が決まる（なお、多数意見には、裁判官、裁判員の双方が最低一人は加わらなければならない）。しかし、これでは、裁判官三名が全員有罪意見であった場合、六名の裁判員のうち四名が無罪意見（したがって裁判員は二名のみが有罪意見）でも有罪判決になるわけだし、死刑判決さえ可能である（以上につき前記の法律六七条）。

ここでも、市民の司法参加をいいながら本当は市民の判断など少しも信用しておらず重きを置いていない裁判所当局の態度は明白といわなければならない。そもそも、市民の司法参加の趣旨には人権の重視という要請も含まれているはずであり、そこにおける有罪判決、ことに死刑判決が多数決で可能というのは、非常識ではないだろうか（裁判官と参審員によって裁判を行うドイツ、フランスの参審制裁判でも有罪には三分の二以上の賛成が必要。なお、ＥＵ加盟国はラトヴィアを除き死刑を廃止している)。

ところで、私は、ある刑事系の良識派裁判長から、「確かに、裁判員裁判については当局がうるさすぎます」との感想も聴いている。最高裁判所事務総局は、裁判員裁判についても神経をとがらせ、それほどの統制を行っているのである。

現に、関西のある弁護士事務所のサイトには、「量刑の評議については裁判所の用意する刑の分布表で大枠が決まっていて裁判員はその枠内で微調整をするだけであり、それを超える意見は排斥されるという運営が行われているようだ」との記述がある。当然のことであるが、弁護士は、よほど確実な情報がなければ、実名でこうしたことは書かない。おそらく事実であろう。

被告人が起訴事実を認めている事件について実質的にみればただ量刑を決めるだけのために多数の裁判員を長時間拘束するのは気の毒であり、コスト的にも引き合わない(『絶望』一五二頁)。その上このような「統制的な運営」まで行うというのは、随分国民、市民をばかにした話である。「好きにならずにいられない」はプレスリー中期名曲のタイトルだが、それにならっていえば、「支配せずにはいられない。統制せずにはいられない(もうほとんど病気?)」という司法官僚の特質が、よく現れているといえよう。

ところが、一方、裁判員裁判では、ことに重罪において、検察の求刑どおりの量刑や求刑を超える量刑も目立つといわれている。ことに、アスペルガー症候群の被告人について、反省の情が認められないという形で量刑上不利に評価し、懲役一六年の求刑を上回る懲役二〇年を科した判決（大阪地裁二〇一二年〔平成二四年〕七月三〇日、河原俊也裁判長）は、通常であれば刑を軽くする方向で評価する精神的障害を刑を重くする方向で評価したことから、刑事裁判の常識に反するとの批判を浴びた。

つまり、裁判所当局は、基本的には量刑についての裁判員の判断を統制しながら、重罪においては、刑を重くする方向に関する限り、裁判員の感覚的意見に対して法律家としての視点から歯止めをかけることができていない。そして、こうした傾向が進行する中、求刑の一・五倍の量刑を科した判決については、さすがに最高裁で破棄されることとなった（二〇一四年〔平成二六年〕七月二四日、白木勇裁判長）。しかし、そうすると、今度は、「何のために裁判員に量刑について判断させるのか？」ということになってこざるをえないだろう。

初めて悲惨な事件の裁判を担当する裁判員の量刑感覚が重くなりやすいのは当然であり、要するに、裁判員に量刑について判断させるという制度設計自体に問題があったのではないか？　しかも、前記のとおり、被告人が起訴事実を認めている事件についてまで実質的にみればただ量刑を決めるだけのために裁判員裁判を行うなどといったおかしなことをするから、こういう結果になるのだ。

なお、巷《ちまた》には、裁判所当局は、裁判員裁判を、重罰化の隠れみの、正当化に利用しているとの意見もある。裁判員に前記のような広範な守秘義務を刑罰付きで課することの目的は、たとえば、そうした事態の真相を社会の眼からおおい隠すことにあるのではないかというのだ。私はそこまでのことは考えないが、いずれにせよ、この非常識な守秘義務規定は、何を疑われても仕方がないような「李下《りか》に冠《かんむり》を正す」内容であり、もしも裁判所当局にやましいところがないというのであれば、即刻改めるべきものと思う。

最高裁による世論調査の結果では、裁判員裁判に参加したい・してもよいという回答の割合が、二〇〇九年度の一八・五％から二〇一三年度の一四・〇％へと、元々小さいのみならず減少しており、候補者の辞退率は、この間、逆に五三・一％から六三・三％に増加している。制度のあり方に問題が大きいことが、右のような回答結果の一つの理由ではないかと考える。

私自身は、『絶望』（一五五頁以下）にも記したとおり、裁判員制度の基本的な意義は認めつつも、その趣旨を本当に実現するためには、もしもそれが可能なら制度の問題点を改善するとともに、なるべく早期に、それを陪審制に移行させる（陪審制を実現する）べきであると考える。

陪審制では、有罪無罪の判断は陪審員のみで行い、ただ、一名の裁判官が、公開の法廷で、陪審員に法律面の説明を行うだけである。非公開の密室で裁判員たちが三名もの裁判官と評議を行いかつ広範な守秘義務を課される裁判員裁判では、市民の司法参加の趣旨は生かされない。

また、陪審制では、陪審員は量刑判断には関与しない。

すなわち、被告人が事実を争いかつ市民の裁判を求める場合に限って、また、そのような事案については重大犯罪に限らず、陪審員裁判を行う、そのような制度を実現すべきである。そうすれば、市民は、専門的な考慮が必要な量刑判断から解放される一方、最も重要な有罪無罪の判断に集中できる。また、裁判所当局の統制による市民の司法参加の抑え込みも避けられ、冤罪の防止も図られるであろう。

最後に、量刑等の処遇については、アメリカの州裁判所や日本の少年審判の例にならい、犯罪者の社会復帰の可能性にも目配りした専門家（調査官）の意見を参考にして裁判官がきめの細かい決定を行う方法がベターであろう。そもそも、刑事系裁判官の量刑感覚自体、私が八か月だけ経験した刑事裁判の例を思い出しても、同一の理由が裁判官によって重くする方向へも軽くする方向へも働きうるという、かなり恣意的なもので、その客観性に疑問を禁じえなかったからである。

いずれにせよ、陪審制が実現する前にあなたが裁判員に選任された場合には、本章や

『絶望』（六八頁以下、一四五頁以下）の記述を思い出し、裁判官たちの人柄をよく見極めて安易に彼らの意見に誘導されないように注意し、くれぐれも、罪なき人に有罪判決を下す結果にならないよう、臆せずに自己の意見を述べ、信じるところを貫き、ほかの裁判員たちをも説得していただきたい。現在の刑事系裁判官たちが若手を養成するに際して重きを置いている一番のポイントが「にこやかな説得の技術」であることも、頭に入れておいていただきたい。

この章の最後には、冤罪被害者の心情を象徴的に歌ったロックの名曲から、その一節を引いておきたい（ディランの曲だが、一般的には、ザ・バンドの名盤『ミュージック・フロム・ビッグ・ピンク』の末尾を飾る曲として名高い）。

「あらゆることに償《つぐな》いはつく、と人はいうが、
どんな距離も、ゼロではない
だから、僕は、今も忘れはしない
僕をここに入れた陪審員たち
その、ひとり、ひとりの顔を」

ボブ・ディラン「アイ・シャル・ビー・リリースト」

第4章

裁判をコントロールする最高裁判所事務総局

——統制されていた名誉毀損訴訟、原発訴訟この章では、二つの訴訟類型を中心に、最高裁判所事務総局が下級審の裁判内容をどのようにコントロールしてきたか、しているかについて分析する。

1　政治家たちの圧力で一変した名誉毀損損害賠償請求訴訟

国会の突き上げを受けての御用研究会、御用論文

かつて、名誉毀損損害賠償請求は、原告泣かせの訴訟類型だった。一般的に、裁判官が、原告に対して厳しく、また、認容される場合でも、認容額が一〇〇万円以下である場合がほとんどであり、たとえ勝訴しても、みずからの弁護士に支払う報酬すらまかなえないことが多かったからである。

ところが、二〇〇一年に状況は一変する。認容額が一気に高額化し、また、裁判所は、これまでとは逆に、被告に対して非常に厳しくなり、その抗弁を容易に認めなくなったのだ。しかし、その背景に政治家たちの圧力があったことは、法曹界にさえあまり知られていない。

実は、自民党は、一九九〇年代末からメディアの政権批判に不満をつのらせていたが、

森喜朗《よしろう》首相（任期二〇〇〇～〇一年）がメディアの袋叩きにあったことによりその不満は頂点に達し、また、週刊誌の創価学会批判にいらだった公明党も、これに同調していた。そして、自民・公明両党は、二〇〇一年三月から五月にかけて、衆参法務委員会等において裁判所を突き上げた。

これに対し、最高裁判所事務総局の千葉勝美民事局長（任期一九九九～〇三年）は、五月一六日の衆議院法務委員会で、「判例タイムズ」誌の同年五月一五日号（一〇五五号）にこの点に関連した元裁判官等の論文が掲載されていることを述べ、また、「ごく近い時期に司法研修所におきまして、東京それから大阪、名古屋の裁判官による損害賠償の実務のあり方について検討をする、そういう研究会が開かれるというふうに聞いております。この研究会では、今先生御指摘のような、社会通念に沿った適切な損害額の算定のあり方、こういう点についても検討がされるものというふうに思っております」とも答弁している。

なお、「判例タイムズ」は裁判官たちが日常的に読んでいる判例雑誌の一つであるが、その論文等のセクションには、新しい法律の運用等に関する事務総局の見解等が掲載されることもあり、事務総局がその見解を公表する際に利用するメディアということができる。また、先の元裁判官の論文は、名誉毀損損害賠償請求については五〇〇万円程度の損害賠償額が相当であろうとの結論を述べている。

千葉局長が言及している司法研修所の研究会は、彼の答弁の翌日である五月一七日（確かに、答弁どおり「ごく近い時期」である）に開かれ、その結果要旨及びこれに関連した裁判官たちの論文が、やはり「判例タイムズ」誌の同年一一月一五日号（一〇七〇号）に、同年七月から九月までに東京高・地裁で言い渡されたこの類型の判決（認容額は、五〇〇万円から七七〇万円）とともに、掲載されている。

この研究会の結果要旨は、認容額の高額化の必要性を縷々《るる》主張し、裁判官たちの論文には、五〇〇万円でも低すぎる場合がありうるとの見解も述べられている。さらに、研究会の結果要旨の「別紙」として、一点一〇万円の「慰謝料算定基準表」も提示されており、ことに、その中の「社会的地位」の項目では、「職業」について、「タレント等一〇点、国会議員・弁護士等八点、その他五点」との点数が示されている。

以上の露骨な対応関係をみてほしい。三月に突き上げが始まり、わずか二か月後の五月には、雑誌で実質的な第一弾特集が組まれているが、この間隔はいくら何でも短すぎ、国会論戦前にすでに水面下で突き上げが始まっていたことをうかがわせる。

また、前記の各判決が、五月の研究会後その結果の雑誌掲載（一一月一五日号）の前に出ていることにも注意してほしい。うち地裁判決を是認した高裁判決二件はおくとしても、残りの三件は「七月から九月の東京地裁判決」である。裁判官たちは、「先導車判決」として高額認容判決を出すことを、何らかの形で要請、示唆されていた疑いがあるのではないだろうか？　少なくとも、研究会の結果をすでに知らされていてそれに影響を受けたことは間違いがないだろう。

前記の研究会の結果要旨も、各論文も、その内容は、政治家たちの突き上げに応じようとの裁判所当局の誘導の下に書かれたという意味で、露骨な「御用論文」としての色彩が強いことは否定しにくい。執筆者には私の知人も含まれているが、残念というほかない。

ことに、算定基準表における「社会的地位」の部分の点数評価については問題が大きい。まず、「タレント等一〇点」と、なぜか、タレントが一般私人の二倍もの点数になっている。次の「国会議員・弁護士等八点」については、弁護士が名誉毀損損害賠償請求訴訟を起こすことはめったにないと思われるからこれは迷彩であって「国会議員」の部分が重要であることは明白だ。要するに、「タレントと国会議員等の政治家については一般私人よりも高くする」ことに主眼があるのだ。

しかし、これは、きわめておかしな考え方である。まず、タレントの点数が高いことについては合理的な説明は付けにくく、タレントのスキャンダル報道が多かった週刊誌にダメージを与える意図が疑われる。また、公人中の公人である国会議員についてはある程度の批判は甘受すべきだというのが法律家の、また社会の、共通認識、コモンセンスであろう。

また、事案ごとの個別性が非常に大きい名誉毀損損害賠償請求についてこうしたマニュアル、点数積上げ方式の算定基準表を作成すること自体大いに疑問である。その目的は、要するに、裁判官たちに、「これからはこの種訴訟の認容額はマニュアルに従った積算を行って五〇〇万円以上にするのが当局の方針ですよ。ちゃんとそのとおり算定しなさいよ」という趣旨を周知徹底することにあるとみてよかろう。しかし、たとえかつての認容額が低すぎたとしても、こうした統制的な形でそれを一律に高額化させることが適切とは思われない。さらに、研究会の結果要旨では、「今後は謝罪広告についても積極的に認めよう」という方針が、これも露骨に示されている。

一変した認容額とメディア敗訴率、予断と偏見に満ちた認定判断

さて、その結果、訴訟の有様はどのように変化したであろうか？

まず、認容額が一気に高額化した。一〇〇〇万円の判決がいくつも現れ、相撲の八百長問題に関わる集団訴訟では、認容額の合計額が実に四〇〇〇万円を超えた。また、謝罪広告を認める判決も増えた。被告は週刊誌が圧倒的に多い。これも、政治家たちの突き上げの主眼が、記者クラブ制度や許認可権を通じての「抑え」がききにくい雑誌メディアにあったことにそのまま対応している。

また、たとえばアメリカでは、この種訴訟については、表現の自由との関係から原告にきわめて高いレヴェルの立証が要求されており、二〇〇〇年以前の日本の判例にも、同様の考慮はあったと考えられる。

ところが、近年の日本の判例は、被告の、記事の真実性、あるいは真実であると信じるに足りる相当性（たとえ真実ではないとしてもそう信じるに足りる相当な理由があれば免責されるということ）の抗弁を、容易に認めなくなった。その結果、メディアの敗訴率は非常に高くなり、「訴えられればおおむね敗訴」というに近い状況となっている。これは、認容額の一律高額化以上に大きな問題である。

メディアの調査能力は強制力のある警察、検察とは比較にならないし、また、取材源秘匿という倫理上、取材上の原則も守らなければならない。しかし、二〇〇〇年代以降の判例は、「週刊誌＝悪質メディアでおよそ保護に値しない」、一方、「政治家を始めとする要人たちの権利は最大限に尊重されなければならない」という予断と偏見に満ちた不公平なものとなってきているのである。これには、日本の裁判官に顕著な、そして、近年急速に強まっている、権威主義、事大主義的傾向も関係している。

その典型例が、大新聞、その社長、女性デスク（以下「デスク」という）が週刊誌（その出版社、発行人等）を訴えた事件についての東京地裁判決（二〇一四年〔平成二六年〕三月四日、宮坂昌利裁判長）である。

記事の内容は、デスクが社長の愛人であり、たびたび社長のマンション（通勤の便から自宅とは別に借りているもの）を訪ねて宿泊していて、社内では彼女の人事についても情実に基づくものではないかとの疑いがもたれており、また、彼女に対しては誰も批判ができないような雰囲気があるというものだ。その記述は、多数の社員等から聴取りを行い、マンション付近で張込みをも行った結果に基づいている。

記者は、二〇一二年五月下旬から約一か月の間にデスクが先のマンションに四回宿泊し、また、彼女がマンションを出る時刻が常に社長の出勤後ある程度の間隔（一五分、一〇分、九五分、三三分）を空けた時刻であったことを確認しており、この事実は裁判所も認めている。デスクは、厳重なセキュリティが保たれているマンションに顔パスで入っており、その点では入居者同様の扱いを受けていた。

ところが、判決は、原告らの、「デスクは、同じマンションに住む別の知人を訪ねていたにすぎない」との主張を、その知人を何ら特定しないまま、また、週刊誌側が申請したデスクや社長の本人尋問すら採用しないままに、デスクや社長の陳述書等によって認め、「マンションの戸数は一五五だから、デスクの訪問先が社長宅であったことについては、一五五分の一の確率でしかない」という表現を用いて、「被告の主張はあまりにも薄弱」

と決め付けているのだ。

しかし、これはありえない。社長と「デスクの別の知人」の双方が、わずか一五五戸の高級マンションに偶然住んでいる確率などは、宝くじの高額当選確率に匹敵するレヴェルのことであろう。「デスクの別の知人」の氏名とデスクとの関係が明らかにされない限り、このような原告らの主張を鵜呑みにするのは、常識に反することはなはだしい。また、デスクと社長に対する週刊誌側の尋問による反駁の機会を認めないままデスクと社長の陳述書の言い分を採用しているのもきわめてアンフェアである。この裁判長の審理と判断のいい加減さやかたよりは、第3章で論じた冤罪事件の裁判長たちのそれと何ら変わらない。

一体この裁判長（私よりかなり後輩になるので、名前しか知らない）の経歴はどのようなものなのか、もしかしたら、事務総局系で極端に実務経験の乏しい役人裁判官なのではないかと考え、調べてみたところ、事務総局人事局付のほか最高裁判所調査官の経験もあった。「調査官のレヴェルも随分落ちたものだな」と思わざるをえない。

なお、判決の内容は、原告ら合わせて一二一〇万円の慰謝料のほか、謝罪広告につき、週刊誌以外に、原告である新聞についても掲載を命じているが、これもきわめて珍しい。謝罪広告は、記事が掲載されたメディアについて認めれば十分であり、ことに、原告のような大新聞については、みずから勝訴判決の記事を掲載するなどして名誉回復を図ることが可能だからである（現にこの事件でもそうしている）。この謝罪広告（その費用だけで四五〇万円相当といわれる）も、見せしめ的な要素が強く、裁判の中立性をそこなうものである。

なお、控訴審も、第一審判決をほぼそのままに追認し、被告らの控訴を棄却した（東京高裁二〇一四年〔平成二六年〕七月一八日、山田俊雄裁判長）。

さて、この訴訟類型における裁判官たちに対する裁判所当局の働きかけの巧妙さにも注意してほしい。国会における政治家たちの圧力については、前記の研究会の結果要旨や論文のどこにも、一行も触れられていない。しかし、裁判官たちが日常的に読んでいる雑誌に目立つ形で特集が組まれることによって、当局の意向は、裁判官たち、ことにこの種事案が集中する東京の裁判官たちにはすみやかに伝わるし、また、いったん前記のような判例の傾向が確立してしまえば、後は、日本の裁判官特有の、「問題になっている争点に関連する判例群の批判的な検討を行わず、事大主義的に大勢に従う傾向」すなわち大勢追随傾向（『絶望』一三九頁以下）に「期待」することによって、当局の意向は、短期間で津々浦々にまで浸透することになるのである。

支配、統制のシステムは、高度なものほどその形がみえにくい。日本の裁判所におけるそれは、ある意味で、一つの洗練の極致に達し、時代に先駆けているともいえよう。

確かに、かつての雑誌メディアには、報道倫理が十分に確立しておらず、スキャンダル志向で人権感覚が鈍いという問題があった。しかし、前記のような慰謝料高額化により、そうした傾向には強力な歯止めがかかっている。一方、メディア、ことに全国紙を始めとするマスメディアの近年の制度化、官製化傾向には、第8章で論じるとおり憂うべきものがあり、周辺系、独立系、出版社系のメディアが、知る権利、報道責任について果たしている役割の重要性は十分に認識されるべきであろう。

その意味では、前記のような欠点があったとはいえ、マスメディアが及び腰になるような政治的疑惑にも果敢に取り組んできた週刊誌報道の姿勢は再評価されてよいと思われる。近年、ここで論じた名誉毀損損害賠償請求訴訟の弊害、萎縮効果からその批判精神が減退し、批判の対象が、政治、経済、権力から、より安易な方向、たとえば韓国や中国に向かっているのは、残念というほかない。

また、マニュアル志向の弊害が指摘されている交通事故損害賠償請求訴訟（『絶望』一四二頁以下）以上に、名誉毀損損害賠償請求訴訟にはマニュアルはそぐわない。事案ごとにその個性に応じた適切な慰謝料額が算定されるべきであろう。

本当に、裁判官たちには、最低限の良識と常識を保った裁判を行ってほしいと考える。前記のような判例の傾向に無批判に追随することは、まさに、裁判所、裁判官が、「憲法の番人」とは正反対の「権力の番人」に堕落することを意味する。

なお、以上のような判例の傾向は、雑誌のみならず出版にも萎縮傾向をもたらしており、ある程度告発的な内容を含んだ書物を書くには、細かな表現についてまで神経をとがらせなければならず、また、よほど確実な裏付けがない限り踏み込んだ記述をすることも難しくなっている。しかし、こうした傾向は、国民、市民の「知る権利」のためにも大きなマイナスである。

たとえば、有名な人物の批判的な評伝を書くことなど、こうした訴訟のリスクを考えるなら、ほぼ不可能になってしまう。長い評伝の中には当然対象者の名誉に関わる事柄が多数入ってくるし、そのすべてについて真実性や相当性の厳密な立証を行うことなど、実際上不可能だからである（以上1については、雑誌「選択」二〇一一年三月号一〇四頁以下、二〇一四年四月号一〇二頁以下の各記事を参考にさせていただいた。後者は私に対する取材を含む記事である）。

2　統制されていた原発訴訟

一般には知られていない裁判官「協議会」の実態

原発訴訟は、二〇一一年三月一一日の東日本大震災に伴う福島第一原子力発電所事故以降、裁判所が最も強い批判を浴びた訴訟類型である。なお、福島原発事故は、国際原子力事故評価尺度のレヴェル七と暫定評価されている。つまり、チェルノブイリ原子力発電所事故と同等の最悪レヴェルということだ。

批判の要旨は、その時点までに一八件あった原発訴訟（設置許可処分取消等の行政訴訟と運転差止めの民事訴訟）の各審級の判決中で、わずかに二つの裁判所だけが原告らの請求を認容したにすぎなかった、司法は原発事故を未然に防げなかった、というものだ。

確かにそのとおりである。しかし、「わずかに二つの裁判所」というのは、日本の司法の現状を正しくとらえた表現とはいえない。正しくは、こういうべきなのである。

「二つ**も**の裁判所が原告らの請求を認容した。しかし、結局、司法は原発事故を未然に防げなかった」

最高裁判所事務総局は、原発訴訟について、きわめて露骨な却下、棄却誘導工作を行っていた。一九七六年一〇月と一九八八年一〇月の裁判官協議会で、担当局の意見として、却下、棄却の方向を示唆していたのである（前者の協議会は行政訴訟全般についてのものであり、後者のそれは原発行政訴訟に特化したものである）。

事務総局の主催する裁判官協議会とは何か。これには、「協議会」のほかに「会同」（官庁の特殊用語の一つである）と呼ばれているものがあるので、まず、それらの相違について説明すると、「協議会」は特定の事件類型に特化した不定期のもの、「会同」は全庁参加の定期的なものといわれている。しかし、この区別は厳密なものではないから、本稿では、以下、「協議会」という名称でくくって論じる。以下の記述は、民事訴訟の運営方法に関する協議会、つまり、比較的問題の小さい種類の協議会に事務総局民事局局付として関わった私の経験と、特定の事件類型に特化した協議会に出席した裁判官から得た情報とに基づいている。

こうした協議会は、学者の行う研究会とは全く性格の異なるものである。名称こそ「協議会」だが、その実態は、基本的に、「上意下達《かたつ》、上命下服会議、事務総局の意向貫徹のためのてこ入れ会議」に近いといってよい。テーマは民事局、行政局等の事件局が決める（それは、もちろん、最高裁長官や事務総局トップである事務総長の意向に基づいている）し、出席者は高裁長官や地家裁所長が決める。出席者のうち東京の裁判官や事務総局と関係の深い裁判官に対しては一定の情報提供や根回しが行われることがあるし、特定の訴訟類型がテーマに選ばれる場合には、その類型の事件を現に担当している裁判長は必ず出席者に選ばれる。

協議問題、すなわち協議会で議論される抽象的あるいは具体的な法律問題は、事件局が決めたテーマに沿って協議会に参加する全裁判所（各庁）が提出する。東京等の出席者は事件局の求める協議問題を「やらせ」で出題することがある。事務総局の課長や局付がお願いして出してもらうのである。地方の裁判長たちは、自分が担当している事件の概要と問題点をそのままに要約した協議問題を提出することが多い。これは、特に担当局から依頼（むしろ「命令」というべきであろうか？）するまでもなく、そのような事件を担当している裁判長たちが、難しい事件の処理に悩んでいることと、協議会が開かれる以上「お伺いを立てておかないとまずいかな？」という気持ちとから「自主的に」出してくるのである。

協議会では、各協議問題ないし同種の問題をまとめた問題群ごとに、まず出題した裁判所（出題庁）の裁判官がみずから意見を述べ、議長が、発言者を求める、一つ、二つの庁に質問するなどした後に、民事局、行政局等の係官が局の検討結果、見解を述べる。多くの出席者は、各庁の意見は聞き流しているが、局の見解だけは必死でメモする。

ここで鉛筆が一斉に動き始める様は、スターリン時代のソ連の会議もかくやと思わせる異様な光景であり、ジャーナリストや一般市民が傍聴していたら、強烈な違和感を抱くに違いない。

こういう協議会であるから、その協議結果を事後に事務総局がまとめた執務資料中の「局見解」は、全国の裁判官たちに絶大な影響を及ぼす。事務総局の執務資料は味も素っ気もない白い表紙のものと決まっているので、裁判官たちは、「白表紙《しらびょうし》」と呼んでいるのだが、原発訴訟や水害訴訟等、それに関して協議会が開催された事件類型の判決の中には、「白表紙」中の局見解と趣旨を同じくするものがあるのはもちろん、中には、表現までそっくりの「丸写し判決」まで存在するといわれている。

『絶望』（一三九頁以下）で触れた「水害訴訟に関する大規模追随判例群」の背景には、最高裁の否定判決（一九八四年〔昭和五九年〕一月二六日、藤崎萬里《まさと》裁判長。大東《だいとう》水害訴訟）の存在ももちろん大きいが、その直前の一九八三年一二月に開かれた水害訴訟に関する協議会の影響も同様に大きい（なお、協議会の開催が最高裁の判決「直前」であることに注意してほしい。最高裁判決の結論を担当局が事前に「承知」した上での、露骨な「前倒し周知」なのである）。

大東水害訴訟最高裁判決の事案は、「溢水《いっすい》型」、つまり、堤防は壊れないが水があふれた事案、また、改修途上の未改修の河川に関する事案であった。にもかかわらず、その後の下級審判例は、「破堤型」、つまり、堤防が決壊した事案、また、改修途上の河川ではない、必要な改修が行われたはずの河川に関する事案についてまで、原告の請求を棄却するようになってしまったのだ。

その理由については、『絶望』で論じた裁判官たちの無批判な追随傾向ももちろんあるが、先の最高裁判決の射程距離が、故意にそうされたものかはともかくとして、いささか読み取りにくいものだったこと、また、「ともかく水害訴訟は消極」という傾向が強かった前記の協議会の結果を出席裁判官たちが鵜呑みにしたことも、大きいと思われる。

こうした追随判例群の象徴としての、無用な堰《せき》が放置されていたことが原因で堤防が壊れたという、これが国家賠償でなければ何が国家賠償なのかという事案（多摩川水害訴訟）について、第一審判決（東京地裁一九七九年〔昭和五四年〕一月二五日、藤原康志裁判長）を取り消してまで棄却した高裁判決（東京高裁一九八七年〔昭和六二年〕八月三一日、近藤浩武《ひろたけ》裁判長）については、さすがに、最高裁も破棄せざるをえなくなったのである（一九九〇年〔平成二年〕一二月一三日、大堀誠一裁判長）。しかし、この高裁判決は、ある意味では、最高裁自身が蒔《ま》いた種から育った毒樹であった。

以上のような協議会の、実質的には裁判官の独立をそこなうあり方については、弁護士等からさまざまな批判があった。名誉毀損損害賠償請求訴訟における裁判所当局の判断統制の方法が、より洗練された、因果関係のみえにくいものになっているのは、こうした批判を踏まえてのことであろう。しかし、事務総局によるこうした裁判統制の本質自体については、昔も今も、何ら変わりがないのである。

原発訴訟に戻ると、一九七六年一〇月の行政訴訟に関する協議会では「原発の安全性が高いことを考えれば原告適格は狭く解してよい」との局見解が、一九八八年一〇月の協議会では「原発訴訟については行政庁の専門技術的裁量を尊重し、それに合理性があるか否かという観点から審査をしてゆけば足りる」との局見解が、それぞれ述べられている。これらを受けた判決群がどのようなものであったかは、次の項目で論じる。

実質的な判断放棄に等しかった原告敗訴判決群

原発訴訟と呼ばれる訴訟には、前記のとおり、設置許可処分取消等の行政訴訟と運転差止めの民事訴訟があるが、両者の実質は要するに「原発の運転停止」を求めるものであってその意味では変わらないから、以下、いずれについても「差止め」という言葉を用いて論じる。

原発に関する最高裁の判断は、いずれも行政訴訟である伊方原発訴訟（一九九二年〔平成四年〕一〇月二九日、小野幹雄《もとお》裁判長）と高速増殖炉もんじゅについてのもんじゅ訴訟（二〇〇五年〔平成一七年〕五月三〇日、泉徳治裁判長）のそれであるが、その枠組みは、前記一九八八年一〇月の協議会における局見解と同一であり（ここでも局見解が最高裁判決を先取りしていることに注意）、それを前提とした上で、「原子炉設置の許可の段階の安全審査においては、当該原子炉施設の安全性に関わる事項のすべてをその対象とするものではなく、その基本設計の安全性に関わる事項のみをその対象とするものと解するのが相当である」

(伊方原発訴訟)、「どのような事項が基本設計の安全性に関わる事項に該当するのかについては、原子力安全委員会の科学的、専門技術的知見に基づく意見を十分に尊重して行う主務大臣の合理的な判断にゆだねられている」(もんじゅ訴訟)としている。

後者は、もんじゅの一回目の事故(一九九五年、冷却材であるナトリウム漏洩《ろうえい》による火災事故)後の判断であるにもかかわらず、また、後記のとおり第二次控訴審判決が原告らの請求を認めていたにもかかわらず、「高速増殖炉の設置許可処分に違法があるとはいえない」として、あっさり先の控訴審判決をくつがえし、もんじゅの安全性を承認した。その後、もんじゅは、二〇一〇年五月の運転再開直後の同年八月に炉内中継装置落下事故により再び稼働ができなくなっている。このもんじゅ訴訟最高裁判決に関わった泉裁判長らの責任は、きわめて重いというべきであろう。

下級審判決の大半も、その理由説示の内容は、前記の局見解や最高裁判決とそっくり同じである。つまり、①行政庁の専門技術的裁量を尊重し、それに合理性があるか否かという観点からのみ審査を行う、②被告側が原子炉の基本設計の安全性について一応の立証を行えば、稀有な事故の可能性などは実際上無視してもかまわない、というのがその大筋である。

しかし、原発の事故などというものは、不測の事態が重なった場合に生じることが明らかなのだから、右のような判断の枠組みを採用することは、安全性に関する突き詰めた判断を実質的に放棄するに等しかった。要するに、日本の刑事訴訟一般の場合と同じことで、大多数の裁判官は、被告側の出してきたもの（刑事訴訟の場合には検察の出してきたもの。いずれについても、「官」、権力の側が出してきたもの）を一応審査することとしかしていなかったし、その審査の対象も狭く限定していたのである。

さらに、数ある棄却判決の中には、唖然とするような言葉を含むものがある。仙台高裁一九九〇年（平成二年）三月二〇日（石川良雄裁判長）である。

この判決の締めくくりの文章は、「我が国は原子爆弾を落とされた唯一の国であるから、我が国民が、原子力と聞けば、猛烈な拒否反応を起こすのはもっともである。しかし、反対ばかりしていないで落ちついて考える必要がある」と始まり、「結局のところ、原発をやめるわけにはいかないであろうから、研究を重ねて安全性を高めて原発を推進するほかないであろう」と終わっている。

この文章は、司法の機能を完全に放棄し、原告らと国民を愚弄《ぐろう》するものであろう。「初めに結論ありき」の姿勢を臆面もなく打ち出し、物わかりの悪い子どもにお灸を据えるような説教を、人々に向かって垂れているのである。他者の不在、共感と想像力の欠如、人格的な未熟さ、知的怠慢といった日本の裁判官の精神構造の病理（『絶望』一七四頁以下）を象徴する説示というほかない。

なお、原発行政訴訟の中には、第5章1で論じる一般的な行政訴訟の場合以上に審理期間の長いものも多かった。結論を出したくないために延々と迷走的な審理を行うという傾向がみられたのである。提訴から最高裁における確定までに、たとえば、伊方原発訴訟では一九年、柏崎刈羽《かりわ》原発訴訟では実に三〇年、東海第二原発訴訟でも三一年を要している。原発訴訟のような切迫した危険の可能性に関わる公益的訴訟におけるここまでの訴訟遅延は、それだけで実質的な判断回避、放棄と評価しなければならないレヴェルのものであろう。

原告らの請求を認容した二件の判決は、もんじゅ訴訟の第二次控訴審判決（名古屋高裁金沢支部二〇〇三年〔平成一五年〕一月二七日、川﨑和夫裁判長。前記のもんじゅ訴訟最高裁判決の原審である）と、民事訴訟である志賀原発二号機訴訟の第一審判決（金沢地裁二〇〇六年〔平成一八年〕三月二四日、井戸謙一裁判長）である。いずれも、被告側によってまれであると主張されていた事故の可能性についても考慮し、行政庁の安全審査の内容に立ち入った判断を行っている。また、後者は、耐震設計の問題点を主な根拠としている。

いずれも、福島原発事故を予見した果敢な判断であったといえるが、数年後に、川﨑裁判長は定年まで六年余りを残して、井戸裁判長は弁護士転身のために、退官している。現在の日本における裁判所のあり方を前提にするならば、福島原発事故以前のこの時点においてこのような判断を行うことは、退官の時期や転身の現実的な可能性までをも視野に入れた上でなければ、難しかったのではないかと思う。

なお、井戸氏は、二〇一一年に弁護士に転身してから後の雑誌のインタヴューにおける「なぜ、差止め判決が続かなかったのでしょうか？」という趣旨のフリーライター（西島博之氏）の質問に対し、「『原発は止めない』という最高裁の意思」を感じていたと答えている（「週刊プレイボーイ」二〇一二年四月一六日号四五頁）。

いずれにせよ、こうした訴訟について果敢な判断（稼働している原発の運転差止め）のできるような裁判長は全国にせいぜい数十名程度しかいないだろうことを考えると、原発訴訟における二件の原告勝訴判決は、むしろ、かなりの程度に稀有な事態であったことに間違いはない。

大飯《おおい》原発訴訟判決

さて、原発訴訟については、福島原発事故後初めての判断である大飯原発訴訟（民事訴訟）について差止め認容の判断が出ている（福井地裁二〇一四年〔平成二六年〕五月二一日、樋口英明裁判長）。憲法にまで言及したハイトーンの判決として注目を集めた。しかし、私は、あくまで一般論としてではあるが、やがて原発運転差止めの判決が出ること自体は、ある程度予想していた。

なぜだろうか？

それは、第一に、福島原発事故後のこの時点では日本の原発がすべて運転停止中であって（もっとも、その中で、大飯原発だけは二〇一二年七月から二〇一三年九月までは稼働していた）、その意味では差止め（実質は運転再開禁止）がむしろ世論の動向に沿った判断だったからである。

第二に、福島原発事故後の二〇一二年一月に司法研修所で全国の地裁裁判官三五名を集めて行われた研究会で、裁判所当局が、原発訴訟について方針転換を行っているからである。

第一の点についてはおおむね見過ごされているようだ。しかし、一般的に、差止めの場合、動いているものを止めるには、当然のことながら大きな勇気と決断力が必要になる。止まっているものを動かしてはならないとの判断は、あくまで前者に比べればの話であるが、比較的やりやすい。当面止めたままにしておいてよく考えてみましょうということだからだ。現在の日本のように、人々の間に、「原発は本当に安全なのか？　政治家や専門家の言うことは本当に信用できるのか？」という疑問が強い状況では、なおさらのことである。

第二の点については、こうした研究会を裁判官たちが自主的に行うことは一二〇％ありえず、この研究会が、1で論じた名誉毀損損害賠償請求訴訟に関するそれの場合と同様、裁判所当局が表に出ない形で裁判官たちをコントロールするために開催されたものであることは明らかだ。裁判所当局の意向は、東京地裁等の裁判官、あるいは、最高裁判所調査官、事務総局課長等の経験のある裁判官を通じて間接的に表明されているはずである。

私がこの研究会について集めた情報から判断して、この研究会は、事務総局が、原発事故を防げなかった裁判所、また、先のもんじゅ訴訟最高裁判決等に対して強い批判があったことから、裁判官たちの手綱を多少ゆるめ、「おまえたち、世論がうるさいから、原発については、とりあえず踏み込んだ判断をしてもいいかもよ」というサインを出すために行ったものである可能性が高いのではないかと考えている。

もっとも、大飯原発訴訟に関する先の判断についてみれば、この裁判長の従来の判決が「大きな正義」を貫く方向のものであったことを考えるなら、一貫しており、基本的には評価すべきであると私も思う。

この判決は、民事差止め訴訟の司法審査においては、行政訴訟の場合のように原子炉等規制法（核原料物質、核燃料物質及び原子炉の規制に関する法律）の枠組みにとらわれる必要はなく、原発稼働による具体的な危険性の存否を直接に審理の対象とすれば足りるとしている。これも確かに一つの見解である。

しかし、このように、民事訴訟の判断の枠組みにおいては、行政訴訟のそれにとらわれる必要は全くなく独自に考えてよいとすることについては、異論も出るだろう。前記二つの原発差止め判決には、最高裁の判断枠組みにぎりぎりの地点で対峙する抑制された緊張感があったが、この判決には、その点の考慮がやや稀薄なのである。その意味では、この判決の先例としての通用性にはやや危うさを感じる部分もある。もっとも、原発差止めについては民事訴訟が本来のあり方だというのが、この判決の基盤にある発想なのかもしれない（なお、私自身は、原告が事故の具体的危険性を相当程度に立証した場合には被告においてその不存在について反証を尽くすべきであり、これをしない場合には危険性が推認されるという志賀原発二号機訴訟第一審判決の判断枠組みに賛成したい）。

より異論が出やすいのは、前記の「具体的な危険性」についての判断のあり方だろう。具体的な証拠をみないで判決について論じることには一定の限界があるが、この判決の判断のあり方からすると、再稼働できる原発、安全な原発は人口の密集した地震国日本にはほとんどないということになるのではないかと感じられる。それが真実ならそれでよいと思う（私自身も、実をいえば、それが真実なのではないかとの疑いを抱いている）。

しかし、一方、被告策定の、地震について起こりうる事象と対策を記載したイヴェントツリー（これに記載された対策を順次とってゆけばメルトダウン、炉心溶融に至ることはないというのが被告の主張）に合理性が乏しいことを主眼として被告の主張を割合簡単に切り捨てていることの判決の判断のあり方については、今後電力会社や原発推進派から反論も出てくるであろうから、この判決の論理がそうした反論に堪えるに十分なほど強靭なものであるかは、問われることになるだろう。

もっとも、この判決の右のような判断のあり方については、大飯原発の安全性にあまりにも問題が大きく、被告の主張自体が根本的に脆弱であることによるところが大きいのかもしれない。

もう一度電力会社、官僚、専門家、そして司法を信用できるのだろうか？

原発訴訟等の訴訟類型については、「わずか三人の裁判官が政治や行政の大きな方針をくつがえしてよいのか」という意見が、時として出ることがある。

しかし、本来、司法による権力のチェックというのは、そういうものである。権力の内部では、厳しく自己を見詰める眼は不足しがちであり、現在の日本では、それがほとんど失われてしまったのではないかと感じられる。たとえば、自民党についても、その中にかつては確固たる伝統として存在した批判勢力、また、一定の謙抑性の理念が、ほとんど跡を絶ってしまったようにみえる。こうした状況では、ことに、裁判官には、独立し、まさに、法の精神と正義の要請と自己の良心にのみ従う第三者の眼をもって、また、国民、市民の代理人として、冷徹に権力の監視を行う姿勢が求められる。

原発に関していえば、司法に求められている役割は、ずばり、最後のフェイルセイフ（危険制御）機関としてのそれであろう。

原発の安全審査はきわめて専門性が高いが、だからといって電力会社や学者の判断が正しいとは限らない。電力業界、規制官庁である経済産業省、政治家、学者が長らく癒着した原子力業界では、福島原発事故以降「原子力ムラの癒着と醜態」が厳しく批判されているとおり、「安全神話」に疑義を呈する意見や提案はことごとく封殺されてきた。

一九八六年のチェルノブイリ原発事故以降、世界各国、そしてその電力会社は、シヴィアアクシデントに備えた対策をとるようになったが、日本の「原子力ムラ」は、「日本の原子炉格納容器の封じ込め機能は万全であり、格納容器は壊れない。したがって、格納容器から放射能が漏れることもない」と強弁し、全交流電源喪失（ステイション・ブラックアウト。非常用ディーゼル発電機等も使用不能となり、原発にすべての交流電源を供給できなくなる事態）が起きる可能性も限りなくゼロに近いとして、それに対する対策を全くとらなかった。

また、東京電力は、二〇〇八年には福島第一原発に対する巨大津波襲来の可能性を強く示唆するシミュレーション結果を得ていたにもかかわらず、結局、何ら対策を講じなかった。つまり、福島原発事故は、客観的にみても、「想定不能の天災」などでは全くなかったのである。

また、福島第一原発所長は、二〇一一年三月一一日午後二時四六分に東日本大震災が起こってから約二時間後の同日午後四時四五分に、原子力災害対策特別措置法一五条一項に基づく「緊急事態の通報」を政府に対して行っている（事態の発生時刻は午後四時三六分）。本来、同条三項に従い、この後すみやかに住民避難を始めなくてはならなかった。

ところが、政府による原子力緊急事態宣言（同条二項）が出たのは同日午後七時三分であり、住民に避難指示が出たのは、同日午後九時二三分（福島第一原発から半径三㎞圏内）、三月一二日午前五時四四分（一〇㎞圏内）、同日午後六時二五分（二〇㎞圏内）だった。そして、その間の一二日午後三時三六分には一号機の水素爆発が起こってしまった。

政治家は「一五条通報」の意味を理解せず、官僚や学者は政治家に対して必要な説明を行わなかったのだ。要するに、政府、原子力ムラ有力者の誰一人として本気でそのような事態を想定しておらず、したがって、法に明記されている措置をとることができず、多数の人々を被曝させてしまったのである。

福島第一原発についての原発訴訟は提起されなかったため、あくまでも仮定の議論にすぎないが、多数の裁判所が原発訴訟について踏み込んだ判断を行っていれば事故発生前に福島第一原発についても差止め訴訟が提起された可能性はあり、また、もしも司法がこれに対して果敢な判断を下していれば、福島第一原発事故は防ぐことができたのである。

ところで、福島原発事故に際して、近藤駿介原子力委員会委員長（当時）が作成した「福島第一原子力発電所の不測事態シナリオの素描」、いわゆる「最悪シナリオ」によれば、一号機の格納容器内水素爆発によるその決定的破損に始まる最悪事態の発生時には、福島第一原発から半径一七〇km圏内（仙台、水戸等を含む）が、土壌中の放射性セシウムが一㎡当たり一四八万ベクレル以上というチェルノブイリ事故の強制移住基準地域になり、半径二五〇km圏内（東京を含む）が、住民が移住を希望した場合にはそれを認めるべき汚染地域になると試算されていた。

近藤氏は原子力ムラを代表する原子力研究者であり、このシミュレーションの信頼性はきわめて高かった。数十年間にわたって首都圏に人が住めなくなるという過去に全く例のない「日本崩壊」の可能性は、現実に、厳然として存在したのである。

日本の国民、市民の多数が、「もう一度電力会社、官僚、専門家、そして司法を信用できるのだろうか？」という疑念を抱いているのは、あまりにも当然のことであろう。

そして、福島原発事故に関する各事故調査委員会の調査報告書の記述がまちまちであることからも明らかなとおり、福島原発事故の原因の検証はまだ道半ばである。ことに、国会事故調査委員会の報告書が、事故の直接的原因について、津波ではなく、地震による機器損傷の可能性を否定できないとしている点は重要であろう。津波ではなく、地震そのものにより原発の主要機器・設備が損傷し、その結果としてメルトダウンや原子炉格納容器の破損（決定的なものではなかったが）が起こっていた場合には、原子力規制委員会が策定した新たな規制基準（二〇一三年七月八日施行）による安全対策では不十分な可能性がある。

原子力規制委員会がゴーサインを出した発電所について裁判所がどこまで踏み込んだ、また、緻密な審理判断を行うか、そして、司法が最後のフェイルセイフ機能を的確に果たすことができるかが、今後の原発訴訟の正念場であり、日本の司法がそのあるべき役割を果たす意思をもっていると評価されるかの一つの正念場でもあると、私は考えている。

おそらく、原子力規制委員会の新規制基準を満たし、曲がりなりにもシヴィアアクシデント対策がとられた原発の運転を差し止める場合には、大飯原発訴訟判決のそれを超える緻密な論理や科学的な裏付けが必要になるだろう。そのことにはおそらく間違いがない。原発訴訟の原告代理人らは、その点を甘くみるべきではない。

以上のような点を考えるならば、国民、市民の代理人として最後の厳正な判断を求められる司法の役割は、きわめて重い。エネルギー政策の問題はおくとしても、少なくとも、危険な原発の安易な再稼働を許すべきでないことは明らかであり、その点に焦点を絞った毅然《きぜん》とした訴訟指揮、審理判断が望まれよう。私としては、前記のとおり、「司法は最後のフェイルセイフ機能を的確に果たすべきである」と考えている。それが、元裁判官である民事訴訟法学者としての私の結論である。

もちろん、国民、市民にも、今後の下級審、最高裁の判断の推移には十分に注意し、それらについて的確な監視と批判を行ってゆく姿勢が強く求められよう。

なお、先の研究会の開催意図やそこで示された裁判所当局の意向（前記のとおり研究会の中核発言者である一部裁判官を通じて示唆されたと思われるそれ）は、これまでに言及してきた協議会や研究会の場合ほどに明瞭ではない。政治と世論の雲行きを見ながら、原発容認の空気が強くなればまた路線を元に戻す可能性は十分にあると思う。そのことにも注意すべきであろう（なお、福島原発事故後の原発差止めの仮処分申立てについては、現在までのところ、主として、現時点では保全の必要性を欠くとの理由により、いずれも却下されている）。

以上のような意味では、『絶望』（一四一頁）でも触れたことだが、裁判の結論とともに、裁判官の姿勢もまた、きわめて重要なのである。「空気」の支配に従って、権力に、あるいはその時の世論に迎合することを第一として裁判を行うような裁判官では、先のチェックを真摯《しんし》に、適切に行うことができるか、大いに疑問だからである。もちろん、こうした重大な判断をゆだねられる裁判官の能力もまた重要である（この項目については、ＮＨＫ

スペシャル『メルトダウン』取材班『メルトダウン　連鎖の真相』〔講談社〕、烏賀陽《うがや》弘道『原発難民――放射能雲の下で何が起きたのか』〔PHP新書〕、大鹿《おおしか》靖明『メルトダウン――ドキュメント福島第一原発事故』〔講談社文庫〕等を参考にさせていただいた)。

なお、最後に一つだけ付け加えると、私としては、大飯原発訴訟判決と同日に下された第四次厚木基地騒音訴訟判決(横浜地裁、佐村浩之裁判長)についても、同様に注目すべきものではないかと考える。

この事案において、原告らは、自衛隊機および米軍機の双方について差止めの民事訴訟と行政訴訟を提起し、それらが並行して審理されていた。そして、判決は、これまで最高裁判決が存在しなかった類型である自衛隊機に関する行政訴訟(ただし、その可能性を示唆する補足意見はあった)について午後一〇時から午前六時までの夜間の差止めを認めたのである。

実際にはこの時間帯の自衛隊機の飛行は限られているようだが、それでも、空港については問答無用で一切差止めを認めないという姿勢が歴然としていた従来の最高裁判例(『絶望』一二五頁以下)を前提とすれば、この判断は、勇気あるものであり、厚い壁に風穴を開けたと評価することができよう。

第5章

統治と支配の手段としての官僚裁判

――これでも「民主主義国家の司法」と呼べるのか？

この章では、1で統治と支配の手段としての官僚裁判の傾向が顕著な訴訟類型である行政訴訟について論じ、2で、同様の見地から、憲法訴訟を始めとするそれ以外の問題のある訴訟類型についても簡潔に分析した後に、3で、近年の大きな問題である裁判の質の全般的な劣化についても触れておきたい。本書全体および『絶望』の記述から明らかなように、裁判の質の全般的な劣化と裁判全体の「統治と支配の手段としての官僚裁判化」とは表裏の関係にあるからである。

私は、『絶望』で、日本の裁判官の多数派は、裁判官というよりは、むしろ、「裁判を行っている官僚」、「法服を着た役人」（五一頁）であり、日本の裁判所は、大局的にみれば、「国民、市民支配のための道具、装置」（八頁）なのだと書いた。読者の間には、それはいいすぎではないかと考えた人もいたようだが、はたしてそうだろうか？　第3章、第4章の記述と併せ、よく考えてみていただきたい。

1　「超」絶望の行政訴訟

刑事訴訟と並んで権力寄りの姿勢が顕著な日本の行政訴訟

日本の裁判の中で、まだしもまともなものが多いのは純粋民事訴訟であり、行政事件訴訟法が適用される行政訴訟は、刑事訴訟同様、弁護士と学者の批判がきわめて強い。第2章で、私は、「価値関係訴訟における日本の裁判の全体像は、本当に近代民主主義国家のあるべき水準に達しているのか、はなはだ疑わしい」と書いたが、行政訴訟は、憲法訴訟と並んで、その典型といえる（なお、第4章2の原発訴訟もそのかなりの部分が行政訴訟である）。

一六年間裁判官を務め、東京地裁の行政部に属していたこともある弁護士濱《はま》秀和氏の書物から、一般読者にも理解しやすいよう、私の言葉でまとめ直してみよう。

「行政事件についてまともな審理を行う裁判官は一〇人に一人である。ほとんどの裁判官は、訴訟要件（後述）の具備について事細かに調べ、若干でも問題があると鬼の首でも取ったように却下する。その際には、半世紀以上も前のカビの生えたような判例が、金科玉条のごとく引用される。構成員全員が行政事件の扱いにおびえているような裁判所に当たれば、こうした前提問題の審理だけに三年も費やすというようなこともある。最高裁まで考えると、一体いつになったら審理が終わるのかわからない。

本案（後述）の審理に入ると、裁判官は、異常なまでに国、地方公共団体、行政庁等の被告の肩をもち、しかも、この傾向は、近年さらに顕著になっている。戦後しばらくの間のほうが、裁判官の間に、戦争に対する反省と新憲法の下で新しい司法を担うという気概があった。近年の事務総局行政局には、昔の面影の片鱗すらみられない。

ことに、『訟務検事』経験のある裁判官には、公平な裁判は望めない。被告側の行政庁である法務省と裁判所の人事交流、判検交流は、どのように弁解しようとも、一般民衆からすれば異常である（第3章でも触れた裁判官と検察官の人事交流、いわゆる判検交流は、民事部門ではなお行われている。裁判官が法務省に出向して検察官となり、行政訴訟を担当するのである。そのような検察官が右の『訟務検事』である〔瀬木〕）。

ハンドボールの世界では、国際大会において、審判がことさらに中東諸国に有利な判定を行う傾向があり、これは『中東の笛』といわれるが、総じて、行政訴訟の裁判官は、まさに『中東の笛』である。

行政訴訟の勝訴率はわずかに八・四％であり（二〇一二年度）、また、勝訴事案は、住民訴訟等の限られた類型に限られ、各省庁の政策実現の過程にメスを入れ、それを是正するような内容の訴えで原告が勝訴するのは稀有である。さらに、行政訴訟は、上級審で逆転敗訴する例も多い。最高裁の裁判についても、行政調査官のいいなりで、いわゆる『調査官裁判』（調査官の報告書意見をそのまま鵜呑みにする最高裁判決〔瀬木〕）の弊害が露骨に現れている。

こうしたことの結果、この四〇年、行政訴訟の事件数に大きな変化はなく、法務省以下が組織を挙げて防御する中、行政訴訟を提起するには、大変な根性と費用を覚悟しなければならない。生半可な覚悟では、訴訟追行はできないのだ」

『行政訴訟の回顧と展望——中東の笛備忘録』〔信山社〕

濱弁護士は、一九三〇年生まれで、本書でその名前を引用する法律家の中でも最年長の部類に属するが、その意見は、私がこれまでに聴いてきた弁護士、学者の意見を集約した最大公約数的なものと評して間違いがないと思う。

少し補足しておくと、「訴訟要件」というのは、裁判所に、本案すなわち原告の請求について の裁判を行ってもらうために満足しておかなければならない形式的な前提要件である。通常の民事訴訟では、これは、ほとんど問題にならない。たとえば、被告が日本の裁判権に服すること、裁判所がその事件について管轄をもつことなどの常識的な事柄にほぼ限られるからである。

ところが、行政訴訟では、「処分性、原告適格、（行政訴訟特有の）訴えの利益」という三つの要件が非常に厳格であり、裁判所は、容易にこれを認めず、本案の審理に入らないままに原告の訴えを却下しようとするのだ。そこで、昔から、「行政訴訟をやるには三つの言葉さえ知っていればよい。処分性、原告適格、訴えの利益。どれかに引っかかれば、本案の面倒な審理をしないまま、簡単に却下で事件処理ができる」ということが、裁判官の間で語り継がれてきており、現に、私も、若いころ、そうした言葉を聞いた経験がある。

本来、これらの訴訟要件は、国民の権利、利益の救済のために適切な訴えを選択するための要件のはずであり、したがって、裁判所が税金を使って審理を行うにはおよそ値しないような場合が排除されさえすれば、それでよいはずである。しかし、日本の裁判官は、濱弁護士の指摘するとおり、こうした訴訟要件をことさらに狭く限定することによって、実体判断を回避してきた。二〇〇四年の行政事件訴訟法改正では、このうちの原告適格について、「より広く認めなさい」という解釈指針が示されたが（九条二項）、このように立法のほうが裁判所の尻押しをしてその見解を改めさせなければならないほどに、行政訴訟に関する裁判所の考え方は頑迷固陋《がんめいころう》であり、「戦前のヨーロッパの古い考え方に今なお引きずられている」と批判する学者も多い。

その背景には、「行政訴訟はともかく間口を狭くし、また、本案では、行政の裁量を広く認めて、国等の被告に有利な判断を行うことが望ましい」という、裁判所当局の確固とした方針があるのだ。この方針と、多くの裁判官が行政法・行政訴訟の晦渋《かいじゅう》な法律論に不慣れなこととから、前記のとおり、地方の裁判所などでは、「構成員全員が行政事件の扱いにおびえている」といった事態も生じるのである。

確かに、日本の行政法理論には、行政の自律性を強調するあまり、やたらにわかりにくい概念や理論構成を用いているかのようにみえる部分がないではない（まあ、これは日本の法学全般の欠点なのではあるが）。先の「行政の裁量」、あるいは「行政裁量に関する司法判断の方法」についての行政法学の考え方も、同様に、あまりわかりやすいものではない。もちろん、行政の自律性と柔軟性を確保するために一定の行政裁量は認められる必要があるだろう。しかし、これを無制限に広く認めてゆくと、司法による行政のチェック機能は、ほとんど意味をなさなくなってしまう。

いずれにせよ、裁判官たちが、何かといえば行政の裁量を強調し、大甘の判断を行って被告を救済する傾向が強いことに間違いはない。その結果が、「各省庁の政策実現の過程にメスを入れ、それを是正するような内容の訴えで原告が勝訴するのは稀有である」という、前記のような行政訴訟の実情なのである（第4章2の原発行政訴訟でも同様であった）。

要するに、司法による行政の適正な監視という制度本来のあるべき目的、その意味での三権分立の趣旨の実現は、日本では、ほとんど達成されていない。日本の行政官僚がやりたい放題の放漫行政、権益確保行政を平然と行い、一向にその責任を取ろうとしないことの一つの大きな原因は、以上のような行政訴訟の実態にある。

住民訴訟もまたイバラの道

住民訴訟（地方自治法二四二条の二）という訴訟類型についてはお聞きになったことがあるだろうか？　住民が地方公共団体の首長等の違法な支出行為の責任を問う訴訟であり、原告がいわば住民らの代表として被告の責任を問うという意味で、株式会社に対する株主代表訴訟と性格が似ている。法的には一種の「代位訴訟」であり、主文では、被告は、原告住民ではなく、地方公共団体に金銭を支払うよう命じられる。

前記のとおり日本の行政訴訟は一般的にはきわめて低調であるが、その中にあって、この住民訴訟、特に前記条文一項四号の損害賠償請求または不当利得返還請求、いわゆる「四号訴訟」は、その法律構成のわかりやすさも手伝って、例外的によく使われてきた。この訴訟は、「地方自治において、多数決で運用される地方議会とそれを背景とした首長等の違法行為を正し、多数決による議会制民主主義の欠陥を埋めるための制度」（濱弁護士）という高い価値をもっているのだ。もっとも、近年の問題の大きな改正（改悪）によって住民からすると使いにくくなった面があるが、これについては後述する。

しかしながら、この訴訟も、住民が一部でも勝訴する割合は和解や事実上の和解に伴う訴え取下げの場合を含めても九％程度、勝訴件数にすると全国で年にわずか一五件程度であって、決して大きなものではなかった（一九九〇年代後半の数字。後記阿部泰隆氏〔元神戸大学・中央大学教授、現弁護士〕の論文による）。

たとえば、東京郊外のある市で、こういう事件があった。もうかなり前のことになるが、保守系だった当時の市長が、ある寺から、五億円もの巨額で参道を買収した。その後、買収の違法性を問う住民訴訟が提起された。土地本来の価値からしても、買収後参道が市によってきれいに整備、舗装されており、それは寺にとっても大きなメリットがあることだったという事情を考えても、五億円という買収価格は確かに高額にすぎるという意見は、市民の間にも強かった。住民訴訟が本案まで争われれば、市長が買収価格の正当性を主張立証することは、容易ではなかったかもしれない。

しかし、この訴訟は却下で終わった。なぜだろうか？

住民訴訟を提起するには、その前提として住民監査請求（地方自治法二四二条）をしておかなければならない。そして、この請求は支出行為のあった日から一年が経過しないうちにしなければならないところ、前記の買収は市長が議会の承認を経ないでしたものであったために、住民がその事実を知った時には、すでに買収から一年以上が経過してしまっていたのである。

地方自治法九六条一項八号によれば市長は条例で定める範囲のものについては議会の議決を経ないで財産の取得または処分ができることになっているところ、この市の条例は、五〇〇〇万円以下または三〇〇〇〇㎡以下の土地の売買につき議会の承認を不要としていた。そして、本件参道は、五億円で買収されたが、三〇〇〇〇㎡以下の広さしかなかった。どうです。日本の法律の仕組みが、いかに行政にとって都合よくできているかがわかるでしょう?

もう一つ例を挙げてみよう。私が控訴審（大阪高裁一九九〇年〔平成二年〕四月二六日、古嵜慶《こさきよし》長《なが》裁判長）で主任裁判官を務めた事案である。

この事件は、「大阪府水道部会議接待費返還請求訴訟」と呼ばれている。

一九八〇年ころ、大阪府水道部では、多数の議員が、みずからの飲食、遊興のツケ（請求書）を水道部に回すという違法行為が行われており、訴訟記録に関する私の記憶では、確か、それが、一年間で七〇〇ないし八〇〇〇万円という大きな金額にのぼっていた。要するに、議員たちが飲食し、そのツケを水道部に回す、水道部では実際には行っていない会議費としてそれを計上する（大阪府水道部と他の行政機関等との行っていない会議をでっち上げて支出する）というとんでもないことをしていたのである。

その金額の大きさは唖然とするものであり、議会では、決算の承認の際に、共産党の議員が「何ですか、これは！　北海道の水道関係職員との会議とか、北欧の水道関係企業との会議とか。こんなめちゃくちゃな支出、およそ承認なんかできませんよ！」と一人声を荒らげる事態になった。なぜ共産党議員以外は下を向いて黙っていたかといえば、共産党以外の各党の議員は、皆、このツケ回しを行っていたからである。このように、「大きな正義」に関わる訴訟の記録、主張や証拠には、報道はもちろん、判決にさえ現れることのない生々しい「悪事」の真実が記載されていることがよくある。

さて、この住民訴訟は、一九八二年度のこうした支出の中から総額約九〇万円分（飲食店四店における一〇回の「会議」）だけを選択して提起された、金額としてはささやかなものだった。本件で問題とされた「会議」の中には、割烹のみならず、焼肉屋、はてはバーやスナック、それも中が暗くされている「おさわりバー」めいた店舗までが存在した。原告側弁護士は、証人尋問では、次のような皮肉たっぷりの尋問を、その会議に出席したことになっている職員に対して行っていた。

「えー、このお店は大変暗くて狭いようですけれども、会議の際には、書類はどこに広げましたか？　また、字はちゃんと読めましたでしょうかね？　もしかして、懐中電灯でも使われましたか？」

第一審（大阪地裁一九八八年〔昭和六三年〕六月二四日、山本矩夫《のりお》裁判長）、控訴審とも、水道企業管理者（支出責任者）に対する請求のうち約六八万円を認容した（それ以外は監査請求を経ていないとして却下）。これらの判決は、地方公営企業の管理者が財務会計上の行為を補助職員に専決させる（つまり、内部的に補助職員に事務をゆだねている）場合には、四号訴訟の被告となるのは管理者であり、また、補助職員の故意、過失がそのまま管理者の責任を基礎付けるとの考え方をとったのである。

これに対し双方から上告があり、最高裁（一九九一年〔平成三年〕一二月二〇日、大西勝也裁判長）は、前記のような専決があった場合には、被告となるのは管理者と補助職員（本件では部長から課長まで三名）の双方であるとする一方、管理者が責任を負うのは、彼に指揮監督上の義務違反があり、故意または過失により補助職員の違法行為を阻止しなかった場合に限るとして、事件を下級審に差し戻した。

最高裁の判断のうち、前半はまあそれでもよいであろう。被告にできる職員の範囲が増えるということだから（もっとも、後記のとおり、実際には、専決の有無や実態は外部からはわからない）。しかし、後半はどうだろうか？

確かに、「過失責任主義の原則」からすれば、管理者（長）が責任を負うのは部下の監督を怠った場合に限るというのも、一つの理屈である。しかし、専決の場合であっても法令上の権限はあくまで長に属しているのである。また、専決の有無や実態は外部からはわからないので実際上は長だけを被告として四号訴訟が起こされることが多いという事実、また、実際上は長は違法行為をよく知っている場合が多いにもかかわらずその故意、過失の立証はきわめて難しいという専決法律関係の実態を考えるならば、「補助職員に実際上の権限を丸投げした以上、その責任もみずから負いなさい」という第一審・控訴審判決の理屈も、一定の正当性があるといえるのではないだろうか？

なお、最高裁の考え方によると、補助職員のみが責任を負うことになる事態が生じうるが、実際には下級職員になるほど組織ぐるみの違法行為を阻止することは難しい場合が多いことを考えると、上は責任を免れやすく下はそれを免れにくいという形が本当に正義にかなうのかという疑問も感じる。

専決責任に関するそれまでの下級審判例、学説も以上の二つの考え方（本件における下級審の考え方と最高裁の考え方）に分かれていたのであり、少なくとも、本件下級審判決の理屈が、住民の便宜に配慮しつつ行政の姿勢を正すにはより適した考え方であることに間違いはないだろう。最高裁のような考え方をとると、長は、専決で権限を丸投げしておけば、「いやあ、違法行為なんて全然知りませんでした。遺憾《いかん》ですねえ」としらをきることが可能になり、下級職員が詰め腹を切らされておしまいということになりやすい。

なお、考えられるベストな法律構成は、長は監督責任を負うこととし、ただし、その証明責任は転換して、長において監督責任を怠らなかったことを主張立証しなければ監督責任を免れない、とすることであろう。もっとも、こうした法律構成はかなりドラスティックであり、裁判官が立法を行ったに等しいという批判を浴びやすいので、下級審裁判官としてはとりにくい。

前記のような極端な違法行為に関し一九八三年に提起されたこの住民訴訟について先の最高裁判決が出たのは一九九一年、下級審に差し戻された訴訟はどうなったかわからないが、おそらくあと何年もかかったであろう。住民訴訟についての、「桃栗三年、柿八年、住民訴訟一〇年という、絶対採算が取れない社会奉仕」という学者、弁護士の言葉（阿部教授）は、決して誇張ではないのだ。

住民が勝っても首長の債務は帳消し！——唖然、呆然の最高裁「債権放棄議決是認」判決

このように、住民訴訟も大変であることに変わりはないのだが、それでも、目立った成果に乏しい行政訴訟の中では希望の星であった。議員や首長らの海外「視察」（実際には遊興であり、「買春ツアー」まである）、架空会議等（前記のとおりきわめて悪質）、高額の接待、カラ出張、ヤミ手当て、公有財産の安価売却、私有財産の高価買上げ（参道の事案を思い出してほしい）、民間法人に派遣した職員給与の違法負担（公益的法人等への一般職の地方公務員の派遣等に関する法律六条違反）、違法な補助金交付、談合による不当利益等が、四号訴訟によって摘発、是正されてきたのである。

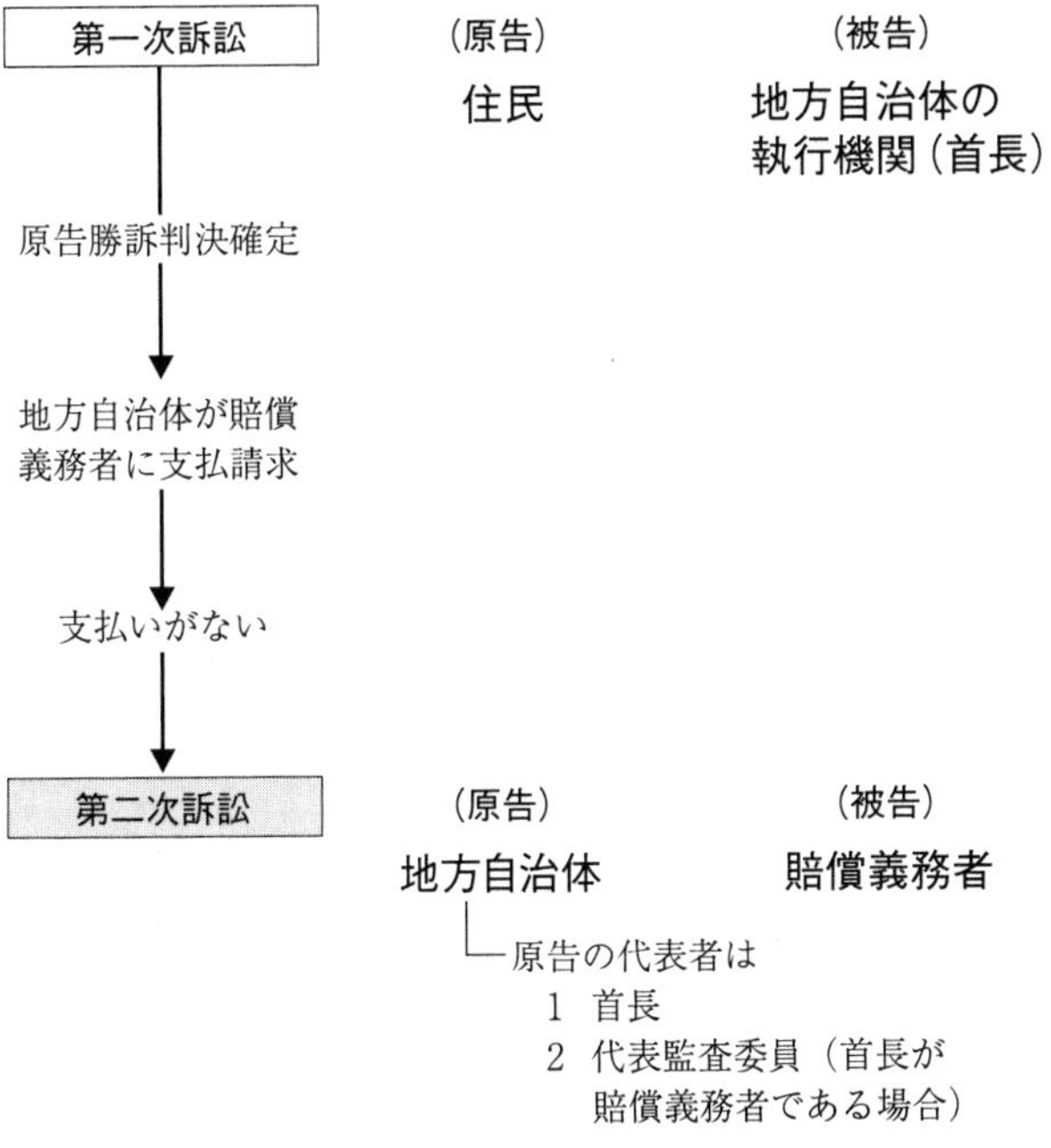

改正後の四号訴訟のしくみ

ところが、この四号訴訟について、二〇〇二年に問題の大きな改正（改悪）が行われた。以下の説明はかなり難しいので、前頁の図を見ながらお読みいただきたい。

この改正は、それまで一回ですんでいた四号訴訟を二回に分けた。つまり、四号訴訟については、第一次、第二次の二回の訴訟が必要になったのである。第一次訴訟は、住民が原告であり、地方自治体の執行機関すなわち首長（たとえば市長）が被告である。その主文は、「被告は、違法な支出行為を行った者に対し、〇〇円（損害賠償または不当利得返還請求金）を請求せよ」というものであり、この訴訟で執行機関が敗訴すれば、地方自治体は、違法な支出行為を行った結果第一次訴訟において賠償義務を負うとされた者に対して支払請求を行い、これに応じた支払いがない場合には、第二次訴訟を提起しなければならない。

なお、第二次訴訟における地方自治体の代表者は首長であるが、首長が第二次訴訟の被告である場合には、原告の代表者と被告がいずれも首長ということになって利益相反の関係が生じるので、その場合には代表監査委員が地方自治体の代表者になる。

さて、読者は、首長が違法な支出を行った場合には、第一次訴訟の被告が首長となるのもおかしいのではないかと考えられるかもしれない。しかし、これは、行政法の理屈からすればかまわない。つまり、第一次訴訟の被告は「執行機関としての首長」という公的な「機関、ポスト」であって個人としての首長ではないということである。このように、「機関、ポスト」とそのポストにある「個人」を分けて考えるのも行政法・行政訴訟独特の発想なのだが、法律の素人のみならず、行政法に詳しくない法律家にとっても、あまりわかりやすいことではない。

念のため付言すれば、第一次訴訟も第二次訴訟も普通の訴訟であるから、当然最高裁まで争えることになる。これによって四号訴訟はいよいよ時間がかかることになった。

なぜこんな面倒なことにしたかといえば、その目的は、従来の四号訴訟において直接被告とされていた前記のような個人（市長等）の訴訟負担を軽減することにあった。

その結果、どのような事態になったか？

改正されたシステムでは、第一次訴訟の被告は前記のとおり「首長」という公的な「機関、ポスト」であるから、被告は、税金（あなたも払っている税金）で弁護士を雇い、職員をも動員して、万全の応訴準備ができることになる。その結果、法廷は、「オオカミ〔被告側〕が大勢で一匹のひよこ〔原告側〕に嚙みついている」ような状態となる（阿部教授）。

この被告（ポストとしての首長）は公正中立な第三者などでは全くないから、地方公共団体側に不利な証拠など絶対に出さないし、第二次訴訟でも、馴れ合いで大甘の和解をする可能性がある。

確かに、以前のシステムでは、首長等の個人が直接被告とされるために、濫訴の場合には応訴の負担が重くて気の毒という側面はあった。しかし、それなら、地方公共団体が被告側に補助参加という形式で参加することを認めるとともに弁護士費用をも負担する（もちろん、個人の責任が認められた場合には、その限度で個人に負担させる）という改正さえ行えば十分だったのである（なお、従来のシステムの下でも、前記の個人が勝訴した場合には、弁護士費用については、地方公共団体から償還してもらうことができた）。

また、この改正の背景には、先のような個人に高額の賠償義務を負わせるのが酷であるという意見もあった。しかし、それなら、たとえば、軽過失の場合には賠償額に限度を設けるなどの改正を行えばよいのである。もっとも、住民訴訟の実態をみれば、住民が勝訴するのは前記のとおり容易でないことの反面として、住民が勝訴した場合の首長等の違法行為は、過失どころか真っ黒の故意に基づくもの、どす黒い「悪事」であった場合が多く、民間企業のトップが常に株主代表訴訟の監視にさらされていることに比べれば、すでに大甘の状況だったのである。

ところが、この「市長等の首長にやさしく住民に厳しい」改正は、大変な副作用を生み出した。この改正後、第一次訴訟で責任を肯定され、賠償義務を負うこととなった首長等が、議会と結託して、地方公共団体の有する首長等に対する損害賠償請求権等を放棄させるという「議会による債権放棄議決問題」が起こったのである。これにより「住民が第一次訴訟で勝っても首長等の債務は帳消し」というとんでもない結果が起こる。

この債権放棄議決は、地方自治法九六条一項一〇号（議会は、特別の定めがある場合を除くほか、権利放棄の議決が可能）に基づくものである。前記改正前においても、この条文に基づく債権放棄は、不可能ではなかったかもしれない。しかし、個人が直接被告とされている従来の四号訴訟において、その訴訟で負けた「個人としての市長等」が議会に働きかけて自分に対する損害賠償請求権を放棄させるというのは、いくら面の皮の厚い政治家であってもやりにくかったし、そもそものようなことを考え付く人間もいなかった。

しかし、前記改正の結果、訴訟が二段階になり、第一次訴訟では「個人としての首長等」は被告にならなくなった（前記のとおり、ポストとしての首長が被告になるにすぎない）ため、第一次訴訟で責任を肯定された首長等が、第二次訴訟までのタイムラグを利用して、この「自己に対する債権放棄に向けての働きかけ」を議会に対して行うようになったのである。

これは、首長等の行った違法行為を議会が許すことを意味するが、議会にそのような権限があるかは、誰が考えても疑問であろう。前記改正の音頭を取った地方制度調査会（内閣府の審議会等の一つで、内閣総理大臣の諮問に応じ、地方制度に関する重要事項を調査審議することを任務とする。もっとも、その実態は、住民訴訟を規定している地方自治法を所管する総務省の一部局に近いといわれている）も、さすがに、二〇〇九年六月の答申では、「このような債権放棄議決は住民訴訟制度の趣旨をそこなうことになりかねないからこれを制限するような措置を講ずるべきである」旨述べていた。つまり、地方制度調査会にすら「前記改正でとんでもない副作用が生じてしまった」との認識はあったのだ。

さて、この問題について、最高裁はどのような判断を下したであろうか？

何と、最高裁は、総務省の意向を受けた行政側機関である地方制度調査会ですら前記のように「制限する措置が必要」としていた債権放棄議決について、議会の広い「裁量権」(すでに私が強調しておいた用語である)を認めつつ、「原則として有効」と判断したのである(二〇一二年〔平成二四年〕四月二三日、千葉勝美裁判長)。

この判例は、最高裁が「韜晦テクニック」の一つとしてよく用いる「諸般の事情の総合考慮」という一種のマジックワードを用いつつ、一定の場合には債権放棄も無効となりうるとしているのだが、実際には「債権放棄はよほどのことがない限り有効」という判断枠組みであることは明白だ。

この事案の以下のような事実関係を検討すれば、そのことが明らかになる。前記の類型でいうと、「私有財産の高価買上げ」の事案である。すなわち、ある町の浄水場用地としての土地買上げの事案なのだが、売主であるAは、この土地を競売により四四六五万円で競落し、更地にした上、七〇〇〇万円程度で町に売りたいと言っていた。ところが、町長

Bの友人である不動産業者を介して町が依頼した（要するに町長の縁故により選ばれた）不動産鑑定士Cによる土地の鑑定結果が二億七三九〇万円であることを知った後、Aは、売却価格として二億六五〇〇万円を提示し、町長Bは、この金額について疑問を呈する声が種々出ていたにもかかわらず、町を代表して、Aの提示金額に近い二億五〇〇〇万円で売買契約を締結してしまったのである。なお、不動産鑑定士Cは、後に、不当鑑定を行ったとの理由で、日本不動産鑑定協会から、六か月間の会員権停止処分を受けている（これは、非常に重い処分である）。

第一審、控訴審判決は、土地の適正な売買価格との差額として、町長Bに対し、一億二一九二万円を支払えと命じた。この控訴審判決の直前に議会の債権放棄議決が行われたが、控訴審判決はこれを違法、無効と判断したのである。

ところが、このような事案について、先の最高裁判決は、下級審の判断は売買価格の適切さや住民訴訟の経緯等を考慮しただけで「諸般の事情」を考慮していないから不当であるとして、差し戻している。これは、結局、「『諸般の事情』を総合考慮した上で本件の債権放棄議決は有効と認めよ」ということにほかならない（後記千葉裁判官の補足意見では、債権放棄議決が無効となるのはきわめて例外的な場合であることが、はっきりと述べられている）。唖然、呆然の「債権放棄議決原則有効判決」なのである。

この判決は、地方議会が首長等の執行機関に対する監視機能を全く果たさない「大政翼賛会」になってしまっている地方自治の現状に目をふさぐものであるとして、弁護士、学者たちから強い批判を浴びた。「根本的誤り」であり、「非常識」である（濱弁護士）、「〔総合考慮の〕筋がどこにあるか分からないので、実質的には住民訴訟を死刑にしたと同じような効果がある」（阿部教授）といった批判である。実際、反国民的、反民主的な判決と評価するほかないであろう。

なお、この判決の裁判長である千葉裁判官は、第4章1の名誉毀損損害賠償請求訴訟の部分で言及した国会答弁を行った千葉勝美民事局長その人だ。

しかも、千葉裁判官は、あろうことか、その補足意見において、債権放棄議決について、「住民訴訟がもたらす状況を踏まえた議会なりの対処の仕方なのであろう」と、「深い」理解を示している。

のみならず、さらに驚くべきことに、千葉裁判官は、本判決の判断枠組みには同調しつつも、「さすがにこの事案では下級審の結論が支持されるのではないか」と述べた須藤正彦裁判官（弁護士出身）の意見に対し、これを執拗に批判しつつ、須藤意見は「裁判所が議会の裁量権行使に直接介入していると見られるおそれ」があるものだ、と論じているのである。

学者の中には、自分の気に入らない意見を述べたりそのような議論を行う者に対して、酒席等でねちねちといやみ、いやがらせの議論をふっかける人物がまれにいる（残念ながらむしろ有名な大学に多い）。学者の精神構造の病理に基づく一種の「病気」なのだが、そうした学者も、さすがに、文章ではそういうことはしない。少なくとも、ごくまれにしかしない。そのような言葉が文字として残れば、自分が逆に批判を浴びることになりかねないことくらいは、そのような学者でも、わかっているからである。

ところが、千葉裁判官は、これに類することを、こともあろうに最高裁判決の中でやっているのだ。これには本当に驚いた。この部分については、学者からも、「特異な印象を受けるのはおそらく筆者だけではないであろう」と大きな違和感が表明された（後記櫻井敬子教授〔学習院大学〕の文章中の言葉）。いずれにせよ、千葉裁判官の執拗な須藤意見批判が、今後、債権放棄議決に関わる事件を担当する裁判官たちを震え上がらせるだろうことは、容易に想像がつく。

また、この判決については、「債権放棄議決が有効なら有効で、無効なら無効で、はっきりそのように述べ、根拠も示すべきである。『実際にはほとんど有効だが特別な場合には無効もありうる。しかもその基準がきわめてあいまい』などという判断のあり方は、最高裁判決にはふさわしくない。実に欺瞞的、偽善的で、感心しない」という、別の観点からの批判もある。行政法に詳しいある元裁判官の意見である。

沖縄返還「密約」文書開示事件として知られる事件がある。元毎日新聞記者の西山太吉氏らが、情報公開法（行政機関の保有する情報の公開に関する法律）に基づき、沖縄返還協定締結交渉において日米間に交わされたとされる「密約」文書の開示を外務・財務大臣に対して請求したところ、そのような文書を保有していないことを理由とする不開示決定がされた。そこで、西山氏らが、その決定の取消しと開示決定の義務付け等を求めた訴訟である。第一審判決（東京地裁二〇一〇年〔平成二二年〕四月九日、杉原則彦裁判長）は、「行政機関が過去に文書を作成、取得、保有していたことが証明されればその後もその状態が継続していることが推認される」として、原告らの請求を認めた。控訴審判決（東京高裁二〇一一年〔平成二三年〕九月二九日、青柳馨《かおる》裁判長）は、「通常の場合には右のように解してよいが、本件文書についてはその特殊性から先のような推認を働かせることはできず、通常とは異なる方法で廃棄された可能性がある」として、原告らの請求を認めなかった。

　一度作成された行政文書が現在も存在しているかどうかなどといったことは原告らにはわからないことであり、その立証は容易ではない。第一審判決は、そのことを考慮して、「作成されたことが明らかな文書については、行政機関においてその後も保有していることを推定する」とし、原告らを立証困難から救済したのである。そして、控訴審もその推認の枠組みだけは維持した。

しかし、最高裁は、控訴審も維持した先のような推認の枠組みすら採用することなく、「文書の存在についてはともかく原告らに証明責任がある」という木で鼻をくくったような一般論であっさりと原告らの請求をしりぞけたのである〔二〇一四年〔平成二六年〕七月一四日、千葉勝美裁判長〕。国民、市民の「知る権利」に対する感度の鈍い官僚判決というべきであるが、この事件の裁判長も右のとおり千葉氏であった。その権力擁護者的な姿勢は、実に一貫しているといえよう。

なぜかあまり報道はされないが、日本の政治、行政の実態は、中央でも地方でも、おそらく、住民訴訟に関連して記してきたとおり、ずぶずぶに汚水を含んだ雑巾のようなものである。行政訴訟、住民訴訟をいくつか手がければ、そのことが本当にリアルにわかる。本来なら、その雑巾をきりきりと絞り上げ、水でゆすいできれいにするのが司法の役割であるはずなのだが、債権放棄議決原則有効判決で、最高裁は、国民、市民、すなわちあなたから徴収した税金を湯水のように無駄遣いし、悪質な場合には実質的に着服している首長、議員、役人たちのあり方を正す意思など全くないことを明らかにしたのである〔この項目については、阿部泰隆「住民訴訟改正案へのささやかな疑問」〔「自治研究」七七巻五号一九頁以下〕、同「住民訴訟平成一四年改正四号請求被告変更の誤謬」〔「判例時報」二一〇〇号三頁以下〕、櫻井敬子「住民訴訟の現在」〔「自治実務セミナー」二〇一四年二月号八頁以下〕および前記の濱弁護士の書物等を参考にさせていただいた)。

刑事・行政・憲法訴訟等における裁判官たちの過剰反応の根拠は？

ここで、刑事・行政・憲法訴訟等における裁判官たちの過剰反応という、興味深くも不可解な現象について論じておきたい（なお、憲法訴訟の実際については、2の冒頭で論じる)。

たとえば冤罪である。袴田事件の証拠の脆弱性は明らかであり、無罪にしても検察、警察がそれを非難できるわけがなく、恵庭OL殺人事件についても、再審請求における検察の主張立証は事実上白旗を掲げているに等しいようなものであったといわれ、だからこそ、よもやの請求棄却決定に、弁護団にも、報道に携わっていた記者やジャーナリスト、関心を抱いていた学者の間にも、戦慄が走ったのである。

国策捜査についても同様である。『国家の罠』（第3章2で触れた）における検察官の言葉にもあるとおり、国策捜査に携わっている検察官たちでさえ、その標的とされた人々の実刑など願ってはいない。検察官としては、有罪判決によって「時代に『けじめ』が付けられ、特捜検察の株が上がれば」それで十分なのである。にもかかわらず、刑事系裁判官の多数派は、スケープゴートたちに実刑を科して彼らの人生を破壊することをいとわない。

行政訴訟についても同様である。良心的な行政官僚の間には、「裁判所が行政の腐敗を正し、行きすぎをいさめてくれることは、長い目でみれば行政のためにもなることだ」と考えている人々も存在し、現に私もそのような意見を聴いたことがある。「いくら何でも債権放棄議決は禁じ手であり法の悪用では？」という地方制度調査会の答申も、そのことを示していた。また、平均的な行政官僚も、行政訴訟で負けるのは、黒も黒、弁解しようのない真っ黒の場合にほぼ限られることはわかっているから、必ずしも、そうした判決を敵対視しているわけではない。

憲法訴訟でもそうで、たとえば第2章で触れた立川反戦ビラ配布事件については、検察部内にさえ、「こんな狙い撃ちはいくら何でも筋が通らない。無理だ。無罪になれば不利な前例ができるだけだから、やめたほうがよい」という意見がかなりあったにもかかわらず、後に検察トップに昇った特定の検察官の強硬な起訴意見が通ってしまった、といわれているのだ。

このような裁判官たちの過剰反応をどう考えたらよいのか、率直にいって、元裁判官であった私にも、よくわからない。私の限られた想像力の及ぶ範囲をはるかに超えているのだ。統治と支配の一部を担うと自負する者どうしの仲間意識なのだろうか？　権力におもねっているのだろうか？　それとも、権力の保護者、あるいは、権力と市民の調停人の役割でも果たしているつもりなのだろうか？　あるいは、ねじれたプライド、「私こそ、まさに、権力の中の権力、権威の中の権威。その私が、権力以上に権力的な裁断を下すべきなのだ」とでもいった、倒錯した意識のあり方の現れなのだろうか？

おそらく、答えは、それらの複合ということなのだろう。第一審の裁判官の場合には、まさに過剰反応であり、最高裁判所事務総局ににらまれるような判決を書きたくないという動機が強いことが多いのだろう。また、第2章の酒販年金事件判決の例のように、裁判官が役人根性を発揮して勝訴判決を出し渋る例も多い。読者の方々も、地方自治体の役人がみずからの小さな権限をみせびらかすかのようにそれを笠に着て杓子定規な物言いを繰り返し、手続を前に進めてくれないので閉口した、という経験があるのではないだろうか？　勝訴判決を出し渋って「ささやかな正義」を実現しようとしない裁判官の心理は、おそらく、こうした小役人のそれに似ている。そして、高裁、最高裁とヒエラルキーが上がるにつれて、統治者としての仲間意識、権力擁護者、調停人、また、倒錯したプライドの発現等の要素が強くなってくるのだろう。

いずれにせよ、こうした裁判官たちの過剰反応の結果は、権力側の裁判所軽視、蔑視を招いている。やりたい放題をやってもおとがめなしという事態は、かえって、「裁判官なんてどうせあの程度の連中。気にすることはねえ、好きにやろうぜ」という風潮を招き、権力や行政の側でも、良識派、良心派は孤立し、そうでない人々の順法精神、コンプライアンス感覚は麻痺する一方という結果を招いているのだ。

大変苦い真実をここでもう一度確認すれば、現在の裁判所・裁判官の状況、その多数派の意識と裁判を前提にする限り、三権分立など絵空事であり、司法による官・民の権力チェックも絵空事である。多数派の裁判官は、残念ながら、「憲法の番人」でも、「法と正義の番人」でもなく、むしろ、「権力の番人、擁護者、保護者、忠犬」なのであり、中には、「屈折・倒錯した権力礼賛者、権力イメージの体現者」まで存在する。単なる自由主義者、近代主義者（つまり思想的には国際標準の穏健派）であり、好きな音楽や本や映画さえあれば基本的にはそれで満足な私のような一介のボヘミアン学者が、あえて右のような厳しい言葉を使わなければならないほどに、日本の司法は、「権力をチェックし、人々の自由と権利を守る」という側面において脆弱であり、及び腰、腰砕けなのである。

実務はきれいごとではすまないことも、正義を貫く判断はたとえささやかなものであってもかなりの勇気を必要とすることも、三三年間裁判官を務めた私には、もちろんよくわかっている。しかし、それにしても、いくら何でも、日本の裁判所・裁判官、また、裁判（ことに価値関係訴訟のそれ、普遍的な価値や正義に関わるそれ）の現状は、あまりにも情けなくはないか、ひどくはないかというのが、私のいつわらざる思いなのである。

2　そのほかの訴訟類型

そのほかの訴訟類型については、紙数の関係から、問題点を簡潔に指摘するにとどめたい。

憲法判例は裸の王様？

憲法訴訟については、まず、最高裁判所が、憲法判断を行いうる場合をみずから非常に狭く限定してしまったという問題がある。最高裁判所は、特定の者の具体的な法律関係につき紛争のある場合においてのみ憲法判断を行うことができるという付随的違憲審査制をとり（一九五二年〔昭和二七年〕一〇月八日大法廷判決、田中耕太郎裁判長）、また、憲法と具体的な事件との先のような関わり、すなわち「事件性」の要件をきわめて狭く解している。

ドイツの憲法裁判所は抽象的違憲立法審査権をもち、以上のような制約なく憲法判断を行うことができる（ただし、抽象的違憲立法審査については、中立権者は、連邦・州政府、連邦議会議員の四分の一に限定されている）し、日本と同じく付随的違憲審査制によるアメリカでも、前記の事件性の要件が実際にはかなりゆるやかに解されているため、連邦最高裁判所は、実質的に憲法裁判所に近い役割を果たしている。

日本の最高裁が出した法令そのものに関する違憲判断の数は、戦後七〇年を経て、法令は違憲だが選挙自体は有効とした一票の価値に関する判例（事情判決）を含め、わずかに九件である。

また、最高裁は、統治行為論、立法裁量論により、大きな政治問題については明確に判断を回避しているし、立川反戦ビラ配布事件にみたように、公共の福祉という無内容な概念を用いて人権を制約している。

本来、憲法判例といえば違憲判断であるのが国際的な常識だ。裁判所が国民、市民を代表して、国家等の権力に対し、「そういうことをしてはいけませんよ。違憲ですよ」と釘を刺すのが憲法判例なのである。これが、「憲法の番人」という言葉の意味である。

要するに、憲法判例といえば、本来は、裁判所が権力から国民、市民の自由と権利を守る判例だ。それが世界標準である。だから、憲法判例は明快かつ厳格でなければならず、安易な例外を設けて基本的人権を制約することは許されない。アメリカ最高裁は、一九八九年と一九九〇年の判例で、表現の自由に関わる抗議行動としての国旗焼却の禁止すら違憲としている。アメリカは、昔から、自由の国であるとともに、権力と市民の対立も熾烈《しれつ》な国である。そのアメリカにおいてさえ、あるいは、だからこそ、裁判所は、人権の根幹に関わる領域では、毅然とした態度を示している。

日本の最高裁判例が、第2章でも論じたとおり、立川反戦ビラ配布事件で事実上「政治的に過激な人々の表現の自由は保障しない」ことを宣言し、一票の価値関連事件で「違憲状態」などというわけのわからないカテゴリーまで作って「国会議員たちの既得権をお守り申し上げる」意図を明らかにしていることと対比してほしい。以上のような点からみれば、日本の最高裁判所が、大局的には、むしろ、権力のほうを守っている「権力の番人」であることは明らかだろう。

結論をいえば、「日本に本当の意味での憲法判例があるといえるかどうかさえかなり疑問」（『絶望』一二〇頁）というのが、ことの真相なのである。憲法判例に関しては、実は、日本の最高裁判所は、「裸の王様」なのだ。学生たちから、「先生、憲法の答案って何をどう書けばいいのかよくわからないんです。茫漠《ぼうばく》としていて……」という声を聞くことがままあるのも、おそらくは、このことが一つの原因である。

多くの学説は、日本にも欧米諸国と同様の憲法判例があるものという前提で憲法を説いている。しかし、実は、その前提自体がかなり疑問なのだ。日本の憲法学には、アメリカ、フランス、ドイツ等譲りの憲法理論によりつつ、それらの国々の憲法判例、憲法学の枠組みやメルクマールを用いて、あるいはそれらとの類推的対比によりながら、日本の憲法判例を解説する傾向が強い。けれども、実際には、日本の憲法判例は、欧米諸国のそれとは「似て非なるもの」であり、その意味では、「憲法判例、のようなもの」とでも評するほうが正しい場合が多いのではないかと思われる。

たとえば、アメリカの憲法判例は、事実の取扱いにおいて厳正であり、これに適用される基準、メルクマールも明確である。ところが、日本の憲法判例は、事実の取扱いも恣意的だし、これに適用される基準もきわめて不明確なことが多い。

一つの例を挙げてみよう。たとえば、アメリカでは、信教の自由に関し、ある法律が、その目的、主要な効果のいずれかにおいて宗教を促進するものである場合、あるいは、それが宗教と国家の過度の関わり合いを促進するものである場合、には違憲であるとされる。つまり、目的、効果、過度の関わり合いという三つの基準は、いずれも政教分離原則違反をチェックする独立の要件であり、うち一つにでも抵触すれば違憲となる（レモン・テストと呼ばれる基準）。

これに対し、日本の最高裁判例は、レモン・テストのいう第三の基準に該当する事柄については、「国家と宗教のある程度の関わりは避けられない」といった文脈でむしろ合憲性を認めるための言葉として用いている場合があるし、基準全体としても、目的効果基準、すなわち、社会通念に基づく目的、効果等の総合考慮という漠然としたものとしているので、その取扱いが事件ごとに恣意的なものになりやすい。「諸般の事情の総合考慮」というのは、債権放棄議決是認（原則有効）最高裁判例のところでも述べたとおり、一種のマジックワードであり、実際には、どのような判断でも導くことができるからである。法律や行為の合憲性、違憲性が厳しく問われるべき憲法判例において、安易にこのような総合考慮基準をとるべきではない。

要するに、表面上は似たような言葉を用いながら（たとえば、ここではアメリカの判例の文言を表面的な部分では参考にしながら）、その実質は、「漠然基準の機会主義的な適用」という「似て非なるもの」になっているのだ。

また、事実の取扱い、評価も、それ以上に恣意的である。たとえば、こういう事案がある。

殉職自衛官の妻（クリスチャン）が、明確に断ったにもかかわらず夫が県護国神社（日本古来の宗教である神道の祭祀施設）に合祀《ごうし》されたことにより精神的苦痛を被ったと主張して国家賠償請求等訴訟を提起した。第一審（山口地裁一九七九年〔昭和五四年〕三月二二日、横畠典夫裁判長）、控訴審（広島高裁一九八二年〔昭和五七年〕六月一日、胡田勲裁判長）はともにこれを認容した。

ところが、最高裁は、自衛隊地方連絡部職員（地連職員）のした、各地の殉職自衛官合祀状況について照会した上その結果を県隊友会（社団法人隊友会の県支部）会長に閲覧させ、県隊友会の奉斎準則と募金趣意書の起案、募金趣意書の配布、募金管理等を行い、殉職者の遺族から合祀に必要な書類を取り寄せた行為について、「県隊友会と共同して合祀申請（宗教的活動）を行ったものとはいえない」と判断したのだ（一九八八年〔昭和六三年〕六月一日大法廷判決、矢口洪一裁判長。自衛官合祀違憲訴訟）。

しかし、右のような事実関係からみれば、「地連職員と県隊友会は合祀実現を意図しつつ役割を分担し準備して、最終的に県隊友会の名義で合祀申請に及んだのであり、地連職員は合祀申請に向けられその実現のために不可欠な行為を行っているから、本件合祀申請は、両者共同の行為とみることができる」という下級審の事実評価のほうがはるかに自然であろう。要するに、「合祀申請が地連職員と県隊友会の共同の行為であることを認めれば原告の請求を認容せざるをえないが、自衛隊と護国神社が関係するこの事件で請求を認容するのは権力との関係上大変まずいので、事実の評価をねじ曲げた」ことは、明らかではないかと思われる。

常識的にみても、みずからの信仰生活上の利益が害されたとの原告の主張はまっとうなものであり、この事案は、これが信教の自由の問題でなければ何が信教の自由の問題なのかといってよいくらいの、まさに、信教の自由と政教分離原則違反に関わる典型的な事案であろう。この最高裁判決は、政府国粋的保守派の方向に両目が激しく引っ張られた政治的判決、ヒラメ判決以外の何物でもない。このように、最高裁が、権力の中でもことに国粋主義的な勢力に追随しやすいことにも注意してほしい。大法廷判決にしてこの有様なのである。

おわかりになったであろうか？　舶来のきらびやかな衣装をまとっていると説明される王様は、実は、誰もが顔をそむけたくなるような醜い肥満体の丸裸なのである。

なお、日本の憲法訴訟が以上のように低調な原因については、憲法とほかの法律の連続性が必ずしも明確ではなく、憲法の精神が諸法に十分に行き渡っていないことや、その中に憲法判断を適切に織り込むことのできるような個別的な訴訟形式が少ないこともある。

現在の国粋的保守派の政治家の中には、およそ近代的な憲法感覚などなく、むしろ、大日本帝国憲法に深いノスタルジーを抱き、みずからのアイデンティティーとしているのではないかと疑われるような人々さえ存在する。その結果、憲法違反の疑いが大きい法律や条例、あるいは政府の行為はむしろ増えてきている。たとえば、特定秘密の保護に関する法律（二〇一三年一二月成立）、憲法解釈の変更によって集団的自衛権の行使を認めた閣議決定（二〇一四年七月、安倍晋三内閣）は、その顕著な例であろう。

特定秘密保護法、ことにその特定秘密の範囲の不明確さには大きな疑問があるが、後者の閣議決定も問題が大きい。国家の基本法である憲法の公権的解釈をこのようなあいまいな形で決定的に変更することは、近代法制度の常識に反する。そのような行為は、間違いなく、日本の国際的信用、国際的評価を大きくそこなう結果を招く。

にもかかわらず、こうした事柄について司法による適切なチェックは全く行われていない。それが、現代日本の状況なのである。

訴訟類型と裁判官によって結論の分かれる国家賠償請求訴訟

国家賠償請求訴訟については、水害訴訟（第4章2、『絶望』一三九頁以下）や営造物責任訴訟（第2章の、道路脇の転落防止用防護柵に関する事案）について論じてきたが、簡単にいえば、統治と支配の根幹（『絶望』一二〇頁）に触れるような類型、たとえば右の水害訴訟については、裁判官たちの最高裁寄り、事務総局寄りの姿勢が顕著である。

一方、一般の営造物責任（道路、公園、公共の建物等公的な営造物の瑕疵《かし》に基づく責任）、教育関係（学校事故）、違法捜査等の類型では、かつてに比べれば認容される例が多くなっており、私も、右のような類型についていくつかの認容判決を書いた。ただ、こうした類型でも、個々の裁判官の考え方の相違は著しい。裁判官によって結論が変わりうる可能性が大きい類型の事件であることには変わりがない。

国家賠償請求については、その賠償金が税金でまかなわれることを考えるならば、どんな事案でも認容が望ましいとまではいえない。しかし、公務員の行為や公的営造物の利用に関連して一部の国民が不当な損害を被った場合には、法と良心に従ってその損害を回復することが必要である。裁判官には、その適切な見極めを行うヴィジョンと判断力が望まれる。

私は、退官する際に、ある若手裁判官から「お別れの言葉をいただけませんか?」との申出を受けて、こう答えたことがある。

「かなり以前のことではあるが、国家賠償請求訴訟に関するあなたの調査や意見をみていると、最初から棄却の方向で考え、原告の文書提出命令の申立てについても、同様に最初から却下の方向で処理しようとしているように感じられた。あなたは優秀な裁判官であり、よい裁判長になれる資質をもった人だとは思うが、特定の類型の事件について最初から決め打ちの姿勢をとることだけは、やめたほうがいいと思う」

こうした傾向は、実は、昔も今も、彼のように優秀な若手についてさえ認められるものなのである。そのような見方は、おそらく、司法修習中に司法研修所教官や実務修習における裁判長等から受け継いだものではないかと思うが、キャリアシステムの大きな問題点の一つといえよう。そして、若者が自分の考えをもたずに大勢に追随する傾向が残念ながら強まっている今日、その害はより大きくなってきているのではないかと考える。

アメリカに後れて始まったスラップ訴訟

スラップ訴訟、英語でＳＬＡＰＰは、「公共的活動に対する戦略的訴訟（Strategic Lawsuit Against Public Participation）」の略語であるが、スラップすなわち「ひっぱたく」という単語（ＳＬＡＰ）と引っかけた意味合いもあると思われる。国や地方公共団体、あるいは大企業等の大きな権力をもった者が、個人の反対運動や告発等に対抗し、それを抑え込むことを目的として提起する民事訴訟のことである。

アメリカでは、かなり前からこうした訴訟が問題になっていた。たとえば、大企業がある地方に進出する際に、反対運動を行っている個人を狙い撃ちして巨額の損害賠償請求を提起し、それを抑え込むといった事態である。訴訟がその本来の目的である「権利の適切な実現」ではなく、「反対者に対する威圧、恫喝」を意図して行われることが特徴である。

日本でも、沖縄で、在日米軍北部訓練場へリコプター着陸場（へリパッド）建設に抗議した住民、支援者等の座り込み運動に対し、沖縄防衛局が「通行妨害禁止仮処分」を申し立て、那覇地裁で二名に対する仮処分が発令された事件（二〇〇九年〔平成二一年〕一二月一一日、平田直人裁判長）につき、スラップ訴訟の疑いがあるとの批判が出ている（なお、仮処分後に提起された通常民事訴訟でも、地裁、高裁で、一名に対して同様の判断が下されている）。ほかにも、原発建設反対運動に携わる個人に対する電力会社の多額の損害賠償請求の例などがある。また、第4章1でも触れた名誉毀損損害賠償請求訴訟の中にも、近年は、スラップ訴訟的な性格の強いものがかなり存在するという。

アメリカでは多数の州でアンチスラップロー、恫喝訴訟禁止法が成立している中での、日本におけるこのような動きには、強く警戒すべきであろう。大きな権力や金力をもつ者が、反対者の活動を封じ込めるために民事訴訟を利用するのは、「大きな正義」に著しく反するやり方である。裁判官は、通常の民事訴訟と同様の感覚で安易にこれを認める判断を行ってはならない。スラップ訴訟は、法の根底にある正義公平の観念と信義則に反する訴訟だからだ。また、スラップ訴訟であることが明白な訴えの提起については、訴権を濫用するものとして訴えを却下することも考えられよう（新堂幸司『新民事訴訟法〔第五版〕』〔弘文堂〕二六五頁参照）。

担保が高すぎ、仮処分命令の出し渋り傾向も根強い民事保全

私の専門分野の一つである民事保全訴訟は、通常の民事訴訟（保全訴訟に対する意味で本案訴訟という）の前に、被告の財産を仮差押えしたり、土地や建物の登記や占有を原告に対す

る関係で固定したり、原告側の利益や地位を仮に実現してしまうなどの手続であり、ことに、最後の仮の地位を定める仮処分（正確にいえばその大半を占める断行の仮処分）命令手続は、切迫した権利侵害に対する原告側の迅速強力な救済手段として、非常に大きな意味をもっている。

ところが、この民事保全事件の新受件数は、近年、一貫して減少し続けているのである。二〇一三年度には、ピーク時である一九九八年度の三七・二％にまで激減しているのだ。民事保全事件の新受件数は、通常訴訟事件の動向を占い、また、裁判所に対する人々や企業の期待を示す指数であるといわれることを考えるならば、このような長期間の減少傾向は、由々しき事態であるといわなければならない。

私は、このことの原因の一つが、民事保全事件において原告側が供託等しなければならない担保額の高さにあると考えている。この担保は、保全命令によって被告側が被るかもしれない損害のための担保である。被告側は、将来、保全命令が不当であったことを理由とする損害賠償請求訴訟を提起して勝訴すれば、この担保から優先弁済が受けられる。

しかし、現実には、この損害賠償請求はほとんど例がない。保全命令それ自体によって被告側が損害を被り、かつ、後に後続の本案訴訟で勝訴する（保全命令を得た原告のほうが本案訴訟で敗訴する）といった事態はそれほど多くないし、また、損害の立証もかなり難しいからであろう。

そうであるとすれば、また、日本の民事保全において原告側に要求される被保全権利等の証明（疎明《そめい》と呼ばれる）の程度がかなり高いこと、つまり、そう簡単には保全命令が発令されないことを考えるならば、先の担保はもっと低くてよいはずである。私は、現在裁判所が設定している担保基準（日本の裁判所、裁判官のマニュアル志向体質から、どの裁判所にも、ほぼ内容が同一の担保基準表が存在する）は高すぎるのではないかと考えている。第2章でも触れた『民事保全法〔新訂版〕』では、このことをあらためて強く指摘しておいた。

裁判官たちが担保を必要以上に高くしている理由は、民事保全に詳しい私にもよくわからないのだが、官僚裁判官の、ともかく申立てのハードルを高くしておくこと自体に一定の意味を見出すような姿勢と、担保を高くしておくほうが申立てが少なくなり、ことに問題のある申立てが減るので裁判官にとって審査が楽であるという彼らにとっての利益とがあるのではないかと考える（このように、三三年間裁判官を務めてもなお、私には、総体としての裁判官たちの姿勢や考え方に、理解しにくい部分が数多く残っていた）。

しかし、権利の保全、実現という観点から原告側にとって非常に重要なものである民事保全の間口をそのような理由で狭くしておくことは、不当であろう。弁護士、弁護士会も、こうした問題を放置しておかないで、もっと前向きに取り組むべきではないかと考える。近年、司法制度改革にもかかわらず民事訴訟が利用されなくなってきていることの構造的な原因を、もっと掘り下げて考えてみるべきなのではないだろうか？

また、仮の地位を定める仮処分については、裁判官たちが差止め、地位保全等のドラスティックな仮処分を出し渋る傾向が強いことも、指摘しておきたい。果敢な判断を避けたいばかりに何とかして和解や却下ですませようとする傾向が、非常に強いのである。

確かに、こうした仮処分命令手続の審理は難しく、ヴェテランの能力ある裁判官でないと判断を誤る危険性があるのだが、だからといって、命令を出したくないばかりにいつまでもぐずぐずと審理を行い和解を強要する、あるいはいい加減な理由で安易な却下を行うといった事態は、当事者の強い不信と不満を招くことをよく考えてほしいと思う。

3　裁判の質の信じられない劣化

近年、刑事のみならず民事においても、コモンセンス、良識を欠いた非常識な判決が増えている。すでにかなりの数の判決を挙げてきたが、象徴的なケースを一つ加えておこう。認知症の老人が家族のわずかな隙をついて外に出、電車にはねられた事件で、ＪＲの家族に対する損害賠償請求を認めた名古屋地裁（二〇一三年〔平成二五年〕八月九日、上田哲《さとし》裁判長）、名古屋高裁（二〇一四年〔平成二六年〕四月二四日、長門栄吉裁判長）の判決、ことに前者である。

第一審判決は、妻のみならず別居の長男に対する請求まで認めているのだが、この裁判長もまた、悲しいことに最高裁判所調査官経験者である。この判決は、認知症患者の介護に当たっている家族や医療関係者を震撼させ、インターネットには、「それでは、『認知症の老人は座敷牢にでも閉じ込めておけ』とでもいうのか？」との批判の声も出ていた。刑事では、「明日はあなたも殺人犯」だが、民事では、「明日はあなたも高額賠償義務者」なのだ。

私の感覚からしても、かつては、中間層の職人裁判官たちでも、このような判決は書かなかったと思う。無理のない範囲の低額和解を勧め、当事者らがのまなければ、注意義務違反を認めることは困難である、として棄却したであろう。こうした事案では、鉄道会社も、債権が成立していると思われる外観がある以上株主からの追及がありうることなどを考えて訴訟は起こすが、勝敗にはこだわらない、というのが本音であると思われ、したがって、棄却の判断によって傷付く者は、実際にはいないからだ。だから、認容判決によって悪い先例を作るべきではない。こうした判決によって、認知症をわずらう老人の面倒をみようという親族や施設が減少してしまうといった萎縮効果、波及効果のことも考えるべきであろう（なお、控訴審判決は、長男に対する請求は認めず、妻に対する認容額も半分にするなど一定の配慮を行っており、その意味では和解的な判決ともいえる）。

こうした事故は、結局のところ、社会に弱者保護のためのシステムが構築され、機能していないことから起こる。父の死後心身の状態がよくなかった母を完全看護の老人ホームに入れた時に私が思ったのは、日本社会は、まさに、「地獄の沙汰も金次第」の場所であるということだった。日本では、高額の老人ホームに入居するだけのお金がなければ、心身に病気のある人の老後はきわめて厳しいものになるし、すべての負担は、介護を行う家族にかかってゆく。母の場合には、たまたま父の不動産を処分した代金と貯金で何とか老人ホーム入居が可能になったからよかったが、そうでなかったらどういうことになっただろうと考えると、今でもひやりとする。

かつての職人的裁判官たちであれば、「この鉄道会社の請求を認容するのはいくら何でもコモンセンスに反する」ということには、最低限気付いたと思う。その程度の良識、また、社会に関するヴィジョンは、多数派の裁判官たちももっていた。社会のひずみの全責任を裁判で弱者に押し付けるのは、明らかに、正義と公平の原理に反するからである。

また、これは、裁判官が当事者の視点に立って裁判を行えているか、という問題でもある。私は、裁判官時代、悩んでいる事件について後輩たちから相談を受けた場合には、事実認定や法律論について助言した後、最後に、こう告げていた。

「あなた自身がこの事件の当事者であったなら、判決について、不満はあるもののそう判断されるのもやむをえないと受け止められるか、それとも、到底承服できないと考えるか、最後はそれによって判断したら？」

このように、最後は当事者の視点に立って判断するようにすれば、非常識判決は避けられる。本件の場合でいえば、認容判決については、被告は到底承服できないと考えるであろうし、棄却判決については、原告も不満はあるもののそう判断されるのもやむをえないと受け止めるであろうことは、容易に想像がつくだろう。

日本の社会が一方で細やかな心遣いを示すにもかかわらず、一方で少数者に対して非常に残酷な反応を示す場合があるのも、おそらく、このこと（共感と想像力の欠如）と関係している。その少数者にとって到底承服できないようなひどいことを言ったりしたりしていないかという観点から物事をとらえる視点や想像力が欠けているから、良心の痛みすらなく、残酷なこと、ひどいことがいえてしまうのだ。

そして、裁判所についていえば、かつては中間層の職人的裁判官でも一定程度はもっていた右のような共感の能力や想像力を、現在の多数派裁判官たちは、ほとんど失ってしまったような気がする。

二〇〇〇年代以降急速に裁判官の質が劣化したことを私が嘆く理由の一つは、たとえばこういう事態にある。これらの判決については、経済誌の記者も、老人ホームの職員も、家族法学者も、憲法学者も、一様に驚きあきれていた。日本の裁判所は、そのような判断が堂々と下される機関になってしまったということなのである。

また、一般的にも、審理裁判の質のトータルな劣化を嘆く声、憤る声は、数多くのヴェテラン弁護士から聞かれる。それらを集約すれば、次のようなものになるだろう。

「かつての法廷には緊張感があった。弁護士は、裁判官の心証が自分に有利であってもなくても、裁判官の言うことについてはよく耳を傾けたし、実際、『うん、全くそのとおりだ』、あるいは、『言われてみれば確かにそうかもしれない』などと、考えさせられる場面も多かったものだ。また、裁判官にも、当事者の言い分をていねいに聴き届け、紛争の本質や背景についても見極め、その上で真にその紛争にふさわしい解決を考えようという姿勢があった。だから、和解でも判決でも、その結果に納得できた。

でも、最近はほとんどそういうことはない。裁判官は、訴訟記録すらきちんと読んでおらず、和解で早く事件を片付けたいという態度が露骨だ。そういうふうだから、判決についても、形式論の薄っぺらなことが書かれているだけで、負けた場合はもちろん、勝った場合でも、その内容に感服させられるようなことは、およそなくなった」

ことに、かつて良識派裁判官であった弁護士たちの嘆きの声は強い（『絶望』二〇六頁以下）。さらに、学者たちも、最高裁判決を含む判決全般について理論面の脆弱化傾向を指摘している。最高裁判所調査官の執筆する判例解説についても同様である。

以上については、おそらく、優等生の質の全般的な劣化という問題が関係している。その点に触れたあるジャーナリストの言葉を引いておこう。

「一口に優等生といっても、昔と今では随分違うという気がするんです。仕事柄いろんな人に会いますが、私より一回り以上年上、五〇代半ばから上くらいの人たちは、立場や考え方の違いはあっても、やっぱり、バックグラウンドとか、教養とか、ヴィジョンとか、そういうものはもっていることが多いですよね。ところが、私の年齢前後、つまり四〇代初め以下になると、もう、そういうものが何もないことが多い。要するに、『偏差値だけは高かったちょっと変な人』なんですよ。それは本当に残念ですね」

この言葉には、おそらく、当たっている部分があると思う。私がみてきた限りでも、中堅若手世代では、優等生イコールものを考える人、その意味で優秀な人という図式はかつてに比べても成り立ちにくくなっており、ものを考える人は、少なくなり、かつ社会のさまざまな場所に広く分散するようになってきているという印象がある。

近年の若手判事補たちの特色は、かつてに比べると、一見裁判官にはみえないごく普通の若者という印象が強いことだ。しかし、そのことは、必ずしも手放しで肯定できない。優等生の質の劣化がはなはだしい状況において、学生から裁判官に直行する人々の質の劣化が起こるのは、あまりにも当然の結果だからである。

私も大学で教えている現代の若者たちは、よくもあしくも無邪気であり、子どもっぽい。それは、どの大学でも共通の傾向のようである。そこには、もちろん、いい部分もある。

しかし、そうした現代の若者たちがその状態のまま一足飛びに「人を裁く」世界に入ってゆくと、パソコンのソフトや自動販売機が叩き出したような一丁上がりの粗製濫造裁判が続出する結果になりやすい。残念だが、近年の若手裁判官の判決を読んでいると、そのことは否定しにくかった。そのような意味でも、キャリアシステムは、その存立基盤を失いつつあるのだ。

右のような若手裁判官の質の劣化については、たとえば、日本から留学してくる判事補のお世話をヴォランティアで行っているアメリカの弁護士（日本人）からも聴いたことがある。彼の言葉も紹介しておきたい。

「最近の判事補は、自分から積極的に活動したり情報をとったりする気概がなくなりました。かつてとは大きな差があります。また、『判決なんて、大体のところでお茶を濁しておけばOKですよ』などといった、若者とは思えないような発言がぽろっと出たりして、驚かされることがあります。『絶望の裁判所』が出たのを知ってさっそく取り寄せて読みましたが、『ああ、やはりそうだったのか……』と、深く納得させられました」

右のことと関連して、最近の新しい傾向としていわれるのは、「若手裁判官たちの丸写し判決の増加」である。右から左に双方の意見を取り次ぐだけで自分なりの意見を提示すること、当事者を説得することが全くできず、したがって和解すら成立させられない若手裁判官が、判決を書こうにも双方の言い分を咀嚼《そしやく》して立体的に整理することができず、結局、自分が有利と考える一方当事者の準備書面（民事訴訟規則三条の二に基づき当事者に提出させた電磁文書）をコピーアンドペイストした丸写し判決を書くに至るということである。弁護士の中には、それを見越してなるべく判決に近い形の（丸写ししやすい）最終準備書面を書く人々までいるという。また、やはり若手裁判官を中心に、有名な大手弁護士事務所の主張に引きずられる傾向も強いといわれる。これは、かつてはおよそ考えられなかった事柄である。

以上のような傾向については、私も思い当たる節がある。裁判官時代最後の七、八年間、まさに丸写し判決しか書けない新任判事補、主文の記載にすらいくつも形式ミスがみられる新任判事補、訴訟法の理解がなかなか裁判所書記官の平均レヴェルにまで達しない新任判事補が増えていたからだ。彼らが一人で民事裁判を行うようになれば、丸写し判決しか書けないのはあまりにも当然のことである。

かつて、民事系の有力な地裁所長たちは、こうした裁判官を見付けると、説得して刑事系に転身させていたものだ。刑事判決の大半を占める有罪判決は決まり切った型さえ守っていれば書けるので、こうした裁判官でもあまりあらが目立たないからである。このことがまた刑事系裁判官の質の劣化を招いていた（『絶望』七七頁）。

また、裁判官の質の劣化、モラルの低下については、それを象徴する次のような事件もある。

とある民事訴訟において、結審予定であった期日に、被告（弁護士は付いていない）が、新たな主張をしたいと述べた。すると、裁判官は、憤慨して、次のように応答した。

「今更そんな主張をされても困る。今日、結審する予定だった」

「あなたの審理が終わらないので、私は上司から怒られているんだ。いつまで裁判をやっているんだ。私の左遷の話まで出ている。私の将来に影響するかもしれない」（発言内容は、後記の国家賠償請求訴訟第一審判決事実認定原文のまま）

この被告は、右の訴訟の終了後に、この裁判官に対し、慰謝料等を求める国家賠償請求訴訟を提起した。

国家賠償請求訴訟の第一審判決（長野地裁飯田支部二〇一四年〔平成二六年〕一月三〇日、加藤員《かず》祥《よし》裁判官の単独判決。なお、加藤裁判官は、暴言を吐いた裁判官と入れ替わりに飯田支部に赴任していた）は慰謝料として三万円を認容し、控訴審判決（東京高裁同年五月二九日、三輪和雄裁判長）は原判決を取り消して請求を棄却している。裁判官の暴言があった第一の訴訟では結局新たな期日が指定され、被告に追加立証の機会が与えられているが、そのことをどう評価するかが判断の分かれ目になったのであろう。

これらの判決の結論の当否はおくとして、前記の裁判官の暴言については、両判決とも不適切であると述べており、それは異論のないところだろう。結審予定の期日に新たな主張を持ち出された裁判官の感情が波立つのは理解できなくもないが、しかし、公開法廷における裁判官の発言としてはあまりにもお粗末だ。暴言の内容も、そのとおりの事実関係（審理が遅いので上司から叱られているなど）が実際にあったか否かはおくとしても、まさに語るに落ちるものであり、現在の裁判所の状況、裁判官が置かれている状況、その意識とモラルの低下を推察させるに十分である。元裁判官としては、まことに残念といわざるをえない。

実をいえば、『絶望の裁判所』を書いた私自身、自分の分析は十分に根拠のある一つの見方であるとは考えていたが、日本の裁判の実態が、この書物に記してきたようなひどいことになっているということまでは、十分に認識していなかった。この書物を書くに当たってそのためのリサーチを重ねるにつれ、各分野の裁判の質のひどさに愕然《がくぜん》としてしまったというのが、正直なところである。

私は、大学に籍を置いている間は研究、教育、執筆に専念したいという気持ちから弁護士登録を行っていないが、もしも弁護士活動を行っていたなら、『絶望の裁判所』ではとどまらず、『「究極的に」絶望の裁判所』を書かなければならなかったかもしれないという気がする。つまり、「キャリアシステムの実質的な崩壊、司法崩壊」（『絶望』二一三頁以下）はもうすでに始まっている可能性が高いということだ。

裁判分析を行った章の最後に、民事・刑事等各種の法的紛争、法的問題で悩んでいる人のために法テラス（日本司法支援センター）等について若干の紹介をしておきたい。

法テラスは、総合法律支援法に基づき設立された公法人で、各種の法的トラブルについて弁護士会等の適切な機関や団体を紹介するなどの情報提供業務、法律扶助業務（弁護士・司法書士費用の立替え）等を行っており、利用者も多い。

ほかに、インターネットの弁護士事務所サイトの事務所・弁護士紹介（自己紹介）、弁護士・事務所検索のためのポータルサイト（弁護士ドットコム等）、各種の弁護士ネットワーク等で適切な弁護士・事務所を探すという手もあるが、それなりの「みる目」が必要になる。それでも、私の印象では、これらを総合的に検討すればある程度の推測はつくという気はする。少なくとも、何らかのつてを頼って弁護士を探す以外に方法がなかった時代に比べればかなりの進歩といえよう。

いずれの方法をとるにしても、依頼、委任の前にまずは法律相談の段階があるはずなので、その際に、信頼できる弁護士か否かをよく見極めることが必要である。相談は有料の場合もあるが、相談だけなら極端に高いものではないのが普通だ。心配な方は事前に確認しておくとよいだろう。相談してもなお迷いが残る場合には、とりあえず、「家族ともよく相談した上でお願いするかどうか決めたいと思います」と弁護士に告げた上、委任の是非についてもう一度じっくり考えてみるという方法もある（なお、私自身は、前記のとおり弁護士登録をしておらず、知っている弁護士の数には限りがあり、その得意分野についても詳しくないので、残念ながら、法律問題の相談に応じたり適切な弁護士を紹介することは難しい）。

第6章

和解のテクニックは騙《だま》しと脅《おど》しのテクニック？

——国際標準から外れた日本の和解とその裏側

民事訴訟における和解の重要性

民事訴訟には和解がつきものであり、それはどこの国でも同じことである。有罪か無罪かの二者択一しかない刑事と異なり、民事紛争は、相互に妥協の余地があることが多く、また、適正、適切な和解であれば、内容面でも手続面でも、当事者にそれなりの満足を与えることができるからだ。

しかし、日本の裁判所における和解の実態にはかなりの疑問がある。『絶望』（一三三頁以下）でも問題点の概要、ことに、和解の強要、押し付けという側面について簡潔に触れておいたが、本章では、日本の和解のどこがどのように問題なのかについて、さらに掘り下げて論じておきたい。民事訴訟では、本格的に争われる事件のおそらく三分の二程度が和解で終わっている。そのことを考えるならば、和解の実態は、企業やビジネスマンはもちろん一般読者にとっても、重要な情報であると思われるからだ。

まず、前提知識として、裁判官は、訴訟のどの段階でも和解を勧めることが可能である。もちろん和解を複数回行うことも可能であり、実際にも、主張整理および書証の提出がおおむね終わった段階と証人や当事者本人の尋問が終わった段階の二回和解が試みられる事件はかなりある（第一の段階で和解が成立する事件のほうがより多い）。また、和解の方式に一定の型や制約はなく、その意味では、裁判官に丸投げの形の自由が認められている。

当事者本人は、主張整理の手続にはあまり出てゆかない（民事訴訟の主張整理は、法的な専門性が高いので、本人にはわかりにくいことが多い）から、本人が裁判官と接する機会は、大体において、和解の際と当事者本人尋問の際に限られる。後者が法廷における厳格な手続であることを考えると、本人が相対《あいたい》で裁判官とじかに話をする機会は、実際上和解の席だけであるかもしれない。

日本の裁判官が行っている和解には、さまざまな技法やテクニックがある。その中の比較的問題の少ない部分は「和解技術論」として書物や論文にも書かれており、私も書いている（『民事訴訟実務・制度要論』〔日本評論社、近刊〕。なお、書名の異なる書物『民事訴訟実務と制度の焦点——実務家、研究者、法科大学院生と市民のために』〔判例タイムズ社、二〇〇六年〕の改訂新版である）。

しかし、裁判官たちが内輪の研究会等で聴いたり、裁判長や先輩から学んでいる「秘伝」としての和解のテクニックがあり、それらについては、書物等にはあまり書かれたことがない。この章では、そうしたテクニックについて、私の知る限りのことを書いておきたい。

最初に、オーソドックスな和解のテクニックとして、私自身のものを公開しておこう。

日本で一般的に行われているところの、裁判官が交互に当事者の一方ずつと和解の話をするという形式（交互面接型）を前提とする。

まず、いずれの当事者から話を聴くかを考える。これには一般的な原則はない。勝訴の見込みの高いほうか低いほうか、支払うほうか支払われるほうか、強硬なほうか柔軟なほうか、みずからの案についてさらに検討するよう前回により強く求めたのはいずれに対してであったか、などの事項を総合的に判断して直感で決める。この判断は、和解の流れをスムーズにする上でかなり重要である。

和解に入る場合には、当然、事件に関するかなり明確な心証はもっている。そのような心証がもてる以前の段階では、たとえ当事者の一方から求められても和解勧告はしない。はっきりした心証なくして和解をリードしてゆくことは難しく、いわゆる「漂流型和解」になることが目にみえているからだ。

だから、当初から、自分の和解案も必ずもっている。しかし、原則として、早い段階では示さない。裁判官の和解案である以上、一度示したらそれを大きく動かすのは適切ではなく、動かせば当事者の信頼を失う可能性があるからだ。当事者が早い時点でその提示を求める場合には、「私の和解案を示してもよろしいですが、示したらそれに従う意向はおありですか？」と問いかける。ほとんどの場合には、「いや、裁判官の案をうかがってから「それに従うかどうか」考えます」という答えになるので、「じゃあ、もう少し後にいたしましょうね」ということになる。

そして、双方に、順次、証拠に基づき、不利な事情を説明し、反論がある場合にはそれに答える。有利な事情についてはこちらからは言わないが、当事者がそれを述べる場合には、正直に答える。

私の場合、あくまで心証を軸とした、その意味では理詰めの要素が強い和解なので、当事者本人の話は、一回だけは無条件でどんな内容でも聴くが、それ以降は、当事者本人には外で待っていてもらって弁護士とだけ話をすることが多かった。当事者本人に対する説明は弁護士に対するよりもはるかに時間がかかるので、それは弁護士にしてもらうということである。もちろん、弁護士が、「本人も一緒に聴かせて下さい」という場合には、そのようにしていた。

これを繰り返しながら、たとえば、自分が一〇〇のうちの五〇という和解案をもっているとしたら、双方の案を、少しずつそれに近付けてゆく。その場面では、ある程度の駆け引きは行う。つまり、不利な事情をいくぶん強調したり、反対側の言っていることをいくぶん強調して伝えたりする。そうすると、たとえば、原告のほうなら、最後には、「これは四〇くらいが限度かな」という感触を抱くようになってゆく。その段階で、「五〇でいかがですか?」ともちかければ、「それで結構です」とスムーズに和解が成立することになる。

私は、最後の一〇年間くらいは、このような話合いを一回に一〇ないし三〇分間程度行い、大体二回目から遅くとも四回目くらいまでには和解を成立させ、それで無理な場合には打ち切っていた。

また、特定の弁護士が優秀でありかつ信用できると思われる場合には、最初から心証をずばりと告げてしまうこともあった。そういう場合多くはそちらが勝訴なので、「私の心証では勝訴ですが、もし和解ということなら、金額と分割支払いの方法でどこまで妥協できますか?」と問うていた。よく、「勝つほうに勝つと言ってしまえば和解はできない」という裁判官がいるのだが、私の印象では、そのようなことは全くない。

むしろ、勝ちが明白な当事者に何だかんだとけちをつけてみても、裁判官の能力や誠実さに対する疑念を招くだけのことが多いと思う。民事訴訟では、完全勝訴の場合でも、被告の財産が確実に捕捉できるとは限らず、また、強制執行にはお金と時間もかかるから、その負担と不確実さのリスクを避けるためにある程度の妥協をするのは、よくあることだからだ。

私の経験では、完全勝訴でも、八割までは妥協する(金額を下げる)当事者が多かった。

これは、弁護士や当事者本人としても、「裁判官は、勝つと言ってくれた上で、また、判決にしてもかまわないと言ってくれた上で、和解もありうると言っているのだから、そのような裁判官の勧める和解には応じよう」という気持ちになることが多いからではないかと考える。このように、比較的透明性の高いやり方で和解を行っていると、合理性や物事の筋道を重んじるタイプの弁護士、本人との和解は非常に速く進む。

和解を得意とする裁判官の類型

さて、次には、和解を得意とする裁判官の二つの類型をみてゆこう。第一が「恫喝強要型」であり、第二が「石の上にも三年型」あるいは「長期懐柔型」である。

第一のタイプの裁判官は、非常に向こう意気が強い。自分の意見に絶対の自信をもっており、「これしかないでしょう?」といった言い方で自分の和解案を強く提示するし、当事者の出す案については、「そんなのはおよそ無理ですよ」といった非常に厳しい物言いをすることもある。したがって、事実上の恫喝、強要、押し付けを行うことも多い。

また、駆け引きの程度が激しいので、和解が成立しても後から当事者が「やはり腑に落ちない」と考えて、「和解無効により弁論を再開していただきたい」といった申立てをする場合も、普通の裁判官よりかなり多くなる（なお、もちろん、こうした申立てが通ることはほとんどない)。

このタイプの裁判官の話術は、基本的には、取調べに当たる刑事のそれと同じであり、「おどしたりすかしたり、叱り付けたり御機嫌を取ったり」のコントラストを付けることで、当事者を心理的に追い詰めてゆくのだ。「どの裁判所でも常に和解率一番」とか「和解の神様、女王様」などと自称し、あるいは取り巻きにおだてられている裁判官は、まず間違いなくこのタイプである。

裁判官に対する当事者の反応は、裁判官との相性がよい場合には非常によくなるが、そうでない場合には、まさに、「強要、押し付け」と感じられることになる。私は、そのような裁判官の下で無理やり和解をのまされた初老の弁護士が、廊下に出たとたん、「畜生っ! あの若造、許さねえっ!」と大声で憤懣《ふんまん》の言葉を口にするのを見たことがある。

また、最近の例であるが、ある事務総局系エリート裁判官が、和解の話が進まないことに激高し、「和解する気がないんですね、もう知らないから!」と言って記録を机に叩き付けて退席してしまった(そのため裁判所での和解は不成立になり、当事者は、やむなく判決後に訴訟外で和解の話合いを続けた)とか、同じ裁判官が、別の事件において、最後の詰めの段階で当事者本人が妥協を渋っているのに対し、「裁判所はもうこれ以上和解をあっせんする気はない! 払うの、払わないの? 払わないならもう知らないからね!」と当事者本人をどなりつけて「払います」と言わせたとかいった話を弁護士から聴いている。

第二のタイプの裁判官は、少なくとも一見は、穏やかな、あるいは、人好きのする性格にみえる。まあ、実際にもそうであることも、そこそこある。このタイプの裁判官は、和解の席に必ず当事者も同席させる。そして、当事者本人の言い分を、愚痴まで含めて、いくらでも我慢して聴く。そして、ある段階で自分の和解案を示すと、後は、当事者が何を言ってもうんうんとうなずき、その上で、「でもね、やっぱりこの案しかないんですよ。それがあなたのためなんですよ」と諄々《じゅんじゅん》と説き明かす。このタイプの裁判官が同じ説明を何度でも何度でも繰り返して飽きないのを見ていると、せっかちな私などは、気が遠くなるような思いのすることがあった。

私は、一度、このタイプの裁判官に、「いや、あの感情的にもつれ切った複雑な事件で和解成立とは……。すごいですね、驚きました」と告げて、「でも、私は、瀬木さんの一〇倍以上時間をかけているもの」と言われたことがあるが、確かにそのとおりである。

もっとも、私の感覚からすると、一回に一時間以上かける和解を一〇回以上延々と続けるような和解はいかがなものか、という気はしないではない。しかし、このタイプの裁判官は、「紛争は和解で解決するのが一番」という信念をもって和解を勧めており、また、当事者も最後には納得している場合が多かったから、私とは考え方が異なるが日本的な和解の形の一つとしてはオーケーなのかな、という気はしている。

もちろん、オーケーなのはあくまで裁判官の能力が高く事件に対する見通しがきちんとしていることを前提とする。そうでない場合には、これもやはり、寝技《ねわざ》型の押し付け和解になってしまい、当事者には不満と不信が残ることになる。

なお、ほかに、昔は、「盆、正月型」とでも名付けたくなるようなユニークな和解を行う裁判官もいた。当事者本人と庶民目線で種々語り合い、雑談までまじえ、最後に、「まあ、もうそのうちお盆もくることだしさ。あなたも、いつまでもこうして争っているよりも、このあたりで気持ちよく和解してさ、すがすがしい気持ちで御先祖様の霊をお迎えしましょうよ」などともちかけるのである。

「何を言っているのか、ばかばかしい」と思って聞いていると、驚くべきことに、本当にそれで和解が成立してしまうのであった。なぜ第三者の私が聞いているかというと、昔は、庁舎が狭くて和解室が足りないため、複数の裁判官が執務する裁判官室のソファで和解をすることがかなり多かったからである。なお、今でも、庁舎が古い裁判所ではやっている。

したがって、このタイプの裁判官の和解率は、盆と正月の前になると一気に跳ね上がる。しかし、さすがに近年は、このような「戦略」は通用しなくなったようである。

和解のテクニックは騙しと脅しのテクニック？

以上のような裁判官の和解技法類型をみていただければわかるとおり、交互面接型の和解における和解技術の核心は、「裁判官がもっている情報や心証を透明性のある形では当事者に与えないこと」である。

しかし、こうした和解における正義の担保は脆弱なものである。なぜなら、それは基本的に裁判官の胸先《むなさき》三寸にかかっているからだ。「恫喝強要型」の裁判官の言葉が意味するのは、簡単にいえば、「こんなにあなたのことを考えてやっている私の和解案がなぜのめないのか？」ということであり、「のめないのならあなたに対する心証は悪くなる」ということである。実際に、和解案をのまないと、非常に意地の悪いねじ曲げた事実認定や法律論によって敗訴させられることさえある。しかも、第1章で論じたとおり、判決というものは、一度出てしまうとそう簡単にはくつがえせない。

「石の上にも三年型」の裁判官は、和解に入る時には、この事件は和解で処理すると決めてしまっている。裁判官がそういう姿勢で和解に臨むと、よほど意志の強い当事者でない限り、「打ち切って下さい」とは言いにくいものである。また、裁判官が事件に対する見通しの確かな人なら和解も一つの解決かもしれないが、このタイプの裁判官が皆能力が高いとは限らない。それに、かつての良識的職人タイプは、少なくとも、常に、「当事者にとってベターな解決」を念頭に置いていたが、今日の「石の上にも三年型」は、当事者のためではなく自分の事件処理の都合だけを考えて和解の方針を決め打ちすることが多い。

また、先ほどの、「勝つほうに勝つと言ってしまえば和解はできない」という裁判官の言葉を思い出してほしい。弁護士を信頼できれば自分の心証をそのままに告げてしまう私のような裁判官はおそらくごくわずかであり、多数派は、勝つと思っている当事者にも、「うーん、でも、難しい面もありますよ」などと言っていることにまず間違いはない。

ここにはすでに「あざむき、騙し、いつわり」の要素がある。しかし、この程度はまだいいほうであって、裁判官によっては、全般的な心証のみならず個々の主張や証拠の具体的な評価についても、自分の思っていることをそのまま告げずに、当事者に不利に潤色する。はなはだしい場合には、双方の当事者に「負けますよ」と告げて和解を成立させる裁判官もいる。双方の代理人が廊下に出た後で雑談をしているうちにそのことが判明して憤慨したという話を、私は、何回も聞いたことがある。

先に「秘伝」としての和解のテクニックについて触れたが、それらも、要するに、一種の心理的な駆け引きのテクニックであり、「あざむく」とまではいわないとしても、公正な判断官であるべき裁判官が当事者である国民、市民に対して用いることが適切なものであるかはかなり疑問である。だからこそ、「秘伝」なのであり、書物や論文には決して記されないのだ。

さらに根本的には、判決を書く裁判官が和解を行うことは適切か、という問いかけを行うこともできる。「判決を下す」裁判官が和解を行う場合、その裁判官が当事者を恫喝するのは、きわめて容易である。「言うことを聞かないのなら負かしますよ」ということだが、そんな直接的な表現を用いる必要は全くない。柔らかい言葉であっても、恫喝的なニュアンスを含ませることはいくらでも可能である。

実際、元有力な民事系裁判官であった弁護士たちでさえ、和解押し付けの被害からは逃れられない。そのような弁護士の話してくれた一例を書いておこう。

事案は、大きなホテルの冷房用機器、その枢要な部品の交換作業契約にまつわる紛争であった。交換作業後の冷房機能が不良だったのである。第一審判決は、典型的な非常識判決の一例ともいえるもので、原告の債務不履行に基づく損害賠償請求を棄却していた。控訴審でホテル側の代理人に加わった先の弁護士は語る。

「第一審判決を読んで本当に驚いちゃったよ。『契約書には機器交換契約としか書いてなく、交換したらちゃんと冷えますとは書いてないから、冷えなくても契約違反じゃない』というんだ。だって、冷房なんだから、書いてなくたって、ちゃんと冷えるようにするのは、当然の前提だろ？」

控訴審において、弁護士は、裁判長から和解を強く勧められた。弁護士は当然第一審判決をくつがえして勝てる事案と思っており、和解は考えていなかったので、「原判決は明らかにおかしいと思うが、当方に何か不利な事情があるのでしょうか？」と裁判官に尋ねた。

「いや、何を言っても、聴く耳もたねえんだ。『第一審判決を取り消すつもりはありません。和解しましょう』の一点張りなのさ。もう、しょうがねえから和解したよ。法律問題じゃないことは明らかだから、法律審の最高裁に上告受理を申し立てても受け入れられないに決まってるからな。いや、地裁だけならともかく、控訴審の裁判官まで非常識だと、実に被害が大きいよ。全くやってられないね」

いかがであろうか？　元有力な民事系裁判官で現在有力な弁護士であっても、「泣く子と裁判官には勝てない」のだ。そんな裁判官があなたに和解をのませることなど、まさに赤子の手をひねるくらいに簡単なことなのである。

アメリカにおける和解との比較

日本の和解がいかに特殊なものであるかを知るために、アメリカにおける和解と比較してみよう。

アメリカでも和解は多いが、手続の透明性は徹底している。まず、和解は当事者双方対席で行われるし、その主体はあくまで当事者であり、私の知る限り、裁判官が長い時間をかけて延々と当事者を説得するなどといったこともない。

手続保障の思想が貫徹しているアメリカでは、裁判官が当事者の一方ずつと和解の話をすることは不適切だという考え方が強いと思う。相手方はその内容を全く知ることができず、そこで話されている事柄に反論することもできないが、それはまさに手続保障の根本原則に反する事態だからである。

また、アメリカでは、証拠開示（ディスカヴァリー）の範囲がきわめて広いことにも留意する必要がある。当事者は、トライアル（公開法廷における審理）前に、ディスカヴァリーの段階で、相手方の証拠をほぼすべてといってもよいくらい見ることができるので、その手の内を知っており、これは、和解の話合いを適切に進める上で非常に重要な前提である。

さらに、トライアルを行う裁判官が和解を行うことについては、疑問を呈する学者も存在する。公正中立な判断官であるべき裁判官が和解を行うことによって「訴訟のもう一人のプレイヤー」になってしまい、その中立性や客観性がそこなわれるとの考え方による（ロバート・G・ボーン「アメリカ民事訴訟における和解——訴訟法および裁判所の役割」大村雅彦・三木浩一編『アメリカ民事訴訟法の理論』〔商事法務〕八九頁以下)。

和解が、たとえ訴訟上のそれであってもあくまで当事者間の契約・当事者の訴訟行為であることを考えるならば、以上のような考え方のほうが自然であろう。日本の場合、その実態をみれば、和解を行っているのは当事者どうしではなくむしろ裁判官と各当事者といったほうが正しいくらいだが、和解という制度の本来的なあり方からすれば、大いに疑問である。

なお、ここでアメリカを取り上げたのは、私がそこにおける手続について比較的よく知っているからにすぎない。アメリカ等の英米法系諸国はもちろん、ドイツ、フランス等の大陸法系諸国でも、日本で行われているような交互面接型の和解は行われていないようである(フランスではそもそも訴訟上の和解がきわめてまれであるという)。要するに、日本の裁判所における和解は、国際標準から外れた、手続保障という観点からはいびつで特異なものだということである。

日本では対席和解は無理なのか？　本当にそうなのか？

しかし、法律家、ことに実務家の間では、弁護士をも含め、「日本では対席和解は無理」という考え方が根強い。だが、本当にそうなのだろうか？

「日本では対席和解は無理」というのは、対席であると言いたいことも言えないし、言えば言ったですぐに感情的なののしり合いになり、まともな話合いなど難しいから、という理由による。

このような意見にも一理あり、また、この問題については、私自身対席和解を行っていなかった以上あまり強いことをいう資格はない。ただ、私は、自分がやっていたような和解であれば、対席でもできないことはないと思う。もっとも、そのような方法が弁護士や当事者本人に受け入れられ、定着するまでの間は、ことに弁護士からの反発もあるだろうし、成立率もある程度低くなるだろう。

ここにはいくつかの問題がある。

まず、実務家の意識改革がなければ対席和解はできない。裁判官もそうだが、日本では、弁護士にさえ手続保障、手続的正義、訴訟におけるフェアネスの感覚が低いことが多い。「確かに日本の和解はある程度不透明かもしれないが、まあ、それで自分のほうが不利にならなければ別にかまわない。それに、和解が全然できなくなったら強制執行の手間が大変だし、自分の仕事もうまく回らなくなる」

そんなところが、平均的な弁護士の内心の声なのではないかと思うが、そのような感覚では、対席和解の実現は大変難しいだろう。

しかし、こうした、実務家、専門家にとっての都合から発想してゆく考え方、また、当事者のためになる和解なのだからある程度不透明でもやむをえないといったパターナリスティック、父権干渉主義的な発想が、訴訟利用者の不信や不満を招き、ひいては訴訟事件・民事全事件の新受件数減少にもつながっている可能性があることを考えるべきではないだろうか？　この点については、アメリカにおける和解に関する弁護士倫理の原則が次のようなものであることが、一つの参考になると思われる（モリソン・フォースター外国法事務弁護士事務所『アメリカの民事訴訟〔第2版〕』〔有斐閣〕一七九頁）。

「和解の決定は、最終的には、常に、弁護士ではなく当事者が行う。弁護士は、合理的な和解案であっても当事者が受け入れない場合にはそれを拒否し、不合理な和解案であっても当事者が受け入れる場合にはその決定に従う義務がある」

日本の弁護士には、これとは異なり、「合理的な和解案ならたとえ当事者が反対していても説得するのが正しい弁護士のあり方」という考え方が強いと思われるが、はたしてそうだろうか？　また、そのような考え方を正当とするためには、少なくとも、弁護士が、「自分自身の利害」をも突き放した眼できちんと客観的に認識できていることが条件になるが、これは必ずしも容易なことではない。

「日本人はすぐ感情的になるから対席和解は無理」と決めてかかるのは、国民、市民に対する侮辱ではないだろうか。本当に日本人が欧米水準と全く異なるほど「感情的」なのかは、おおいに疑問であるからだ。

もっとも、昔の日本人には、あるいは、交互面接型の和解のほうがフィットした面があるのかもしれない。しかし、時代が移って人々の意識も大きく変わり、今では、おそらく、そのような和解によって不透明な形で抑え込まれたと感じる人々のほうが多くなっているのではないかと私は思う。はしがきにも記したとおり、民事訴訟利用者の満足度が二割前後というおそらく国際的にもあまり例をみないだろう低い数字になっていることの大きな原因の一つは、人々のそうした思いにあるのではないだろうか？

もちろん、訴訟利用者、国民、市民のほうの意識の向上も必要である。対席和解を実現するためには、「公正であり信頼できる裁判官の言葉である限り、自分に不利なものであってもまずはきちんと受け止めた上で、みずからの弁護士とよく相談する」という心構えは欠かせない。

また、対席和解を行う以上は、個々の裁判官についてはともかく、裁判所全体としての和解率がある程度は下がることも覚悟しなければならない。しかし、これは、おそらく、そのほうが正しいことなのである。前記のような態様で行われる日本の和解、ことに裁判官がともかく早く事件を終わらせることを意図して成立させたような和解には、不公正、不適切なものがかなり含まれており、その結果、当事者に大きな不信や不満を残している可能性が高いからだ。そんな和解が成立したところで、喜ぶのは、裁判官以外には、あまり依頼者のことを考えていない弁護士くらいのものであろう。

裁判官全員で対席和解に踏み切ることが難しく、横並びで仕事をしている以上一部の裁判官が自主的に行うこともかなり難しいことを考えるならば、最低限、実験的にでも、たとえば大都市の裁判所でプロジェクト的な対席和解の試みが行われることが望ましく、また、必要でもあろう。弁護士、弁護士会は、弁護士に対する依頼者の信頼を高めるためにも、国民、市民の視点に立って、和解のあり方をもう一度見直し、先のような試みに関する提言を積極的に行ってみるべきではないだろうか？

さらに、これは法曹一元制度の実現とセットでないと難しいかもしれないが、第一審の判決は、結論と結論を導くに至った理由をわかりやすくかつ的確に示せばそれで足りるとの割り切りをしたほうが、裁判の運営全体がより健康的なものになることも、おそらくは間違いがない（『絶望』一三七頁）。裁判官が和解に固執するのは、結局のところ、判決を書きたくないから、そんなに多くの判決は書けないからであり、したがって、この因果関係を断ち切らない限り、和解の強要、押し付けはなくならず、対席和解の実現による和解の透明化、国際標準の達成も難しいからである。

第7章　株式会社ジャスティスの悲惨な現状

最高裁判所の問題点

日本の判決や和解の惨状は以上のとおりであるが、その原因には、制度的な側面も大きい。『絶望』がすでにそれを明らかにしていると思うが、本章では、『絶望』では触れなかった部分を中心に、また、裁判に関連する側面から、制度的な問題をさらに掘り下げて論じてみたい。

まず、最高裁判所については、裁判官の人選の問題がある。

日本の最高裁判事の出身母体はおおむね固定しており、近年は、裁判官六名、弁護士四名、検察官二名、行政官僚二名（うち一名は外交官が多い）、法学者一名となっている（『絶望』七八頁）。しかし、本来、最高裁判事という役職について、このような「既得権枠」の枠内で人事を行うことは、適切ではない。各出身母体における「ムラ」の政治で人が決まることが多くなるし、また、最高裁判事にはなりたがる人《ウォナビー》も多く、そういう人たちは、裁判所以外においても、政治的工作や根回しを重ねてそのポストを獲得しようと必死になるからだ。「出たい人より出したい人を」の原則は守られず、最高裁は、「なりたがりや」たちの集まりになりかねない。

このように最初に「枠」ありきの人選自体問題なのであるが、竹崎博允《たけさきひろのぶ》長官時代に行われた、学者としての実績に疑問のある人物を「学者枠」で採用する人事のように、「枠人事」に関する最低限の公正ささえ守られない例もある（『絶望』七八頁以下）。

反面、本当は別のポストがほしかった人が最高裁判事にしてもらうことで不承不承我慢するという例もある。しかし、そのような人が真摯に裁判に取り組むことは、およそ期待できないだろう（なお、以上は、個々の具体的な最高裁判事を批判、非難する趣旨ではない）。

アメリカにおける最高裁判事ポストの権威と魅力は日本とは比較にならないほど高いが、そのアメリカでは、最高裁判事の絶対的な条件は「法律家としての能力は十分か？キャリアはその地位にふさわしいものか？」ということであり、日本のようにムラの政治や情実で最高裁判事が決まるなどということはありえない。アメリカという国が、あれほど内外に問題を抱え込み、海外の心ある人々から批判されても、なお民主制の基本だけは何とか維持してきていることの根拠の一つに、私は、アメリカ社会のこうしたフェアネスの原則があると思う。

特定の政党や政治家が私利私欲の観点から特定の法科大学院の設立を無理やり認めさせ（ねじ込み）、そういう事態が重なって法科大学院乱立、司法試験合格率低下に至り、挙げ句の果ては逆に無理やりつぶしにかかるなどといったばかげた事態は、アメリカではさすがに考えられない。もちろん先進欧米諸国全体でもおよそ考えられないであろう。何よりも、学生たちにとって酷なことであり、また、優秀な人材も集まりにくくなる。こうしたことをいつまでも平然と続けている限り、日本が停滞から脱出することは難しい。

第5章1の行政訴訟に関する記述で濱弁護士の言葉を引いた、いわゆる「調査官裁判」(調査官の報告書意見をそのまま鵜呑みにする最高裁判決)の弊害も、昔からよく指摘されている。

確かに、日本の最高裁のようにわずか一五人で多数の上告事件を審理するには、何らかの裁判官補助官の制度は必要だ。その意味で、最高裁判所調査官が法律問題等のリサーチを行って報告書を作成し、それをたたき台として審理を行うというシステム自体には一定の必然性がある。しかし、日本の調査官システムは、首席、上席が存在する決済制度のあるヒエラルキーになっているため調査官の意見自体が統制されたものであること、また、最高裁判事の中には法律実務家経験のない人(実務家でも刑事専門家だと刑事以外のことはあまり知らないという例もある)、法律論に必ずしも明るくない人が含まれることなどにより調査官の意見がそのまま判決になってしまう例がかなり多いことが問題といえよう。

調査官裁判の弊害については、法分野によってその度合いに差があると思われる。

最高裁判例の多数を占める民事関係の技術的裁判については、常識を外れるものは少ないし、それに大きな利害関係をもつのは経済界と法律実務家であり、一般市民の生活に対する直接的な影響は小さいから、調査官の報告書が最高裁判決の基本になる「調査官裁判」でも、それほど大きな問題はないかもしれない。

しかし、価値関係訴訟、ことに「大きな正義」に関わる事案では、調査官裁判の弊害は深刻だ。たとえば、刑事訴訟、行政訴訟、憲法訴訟、そのほか統治と支配の根幹に触れる類型の訴訟一般である。調査官裁判では冤罪はなかなか見抜けない。刑事訴訟法では、冤罪防止等の観点から、上告理由に該当する事由が認められない場合であっても、判決に影響を及ぼすべき重大な事実誤認、また、再審事由がある場合には、上告審は原判決を破棄することができるという条文（四一一条）があるから、本当は調査官が冤罪の可能性についても眼を光らせるべきなのだが、そのような刑事系調査官はまれなのである。行政訴訟、憲法訴訟については、少なくとも多数意見はほとんど調査官のいいなりで、前記のような惨憺たる有様になっている。原発訴訟も同様である。

この「調査官裁判」は、前記のとおり、調査官の決済制度によってさらに問題の大きなものとなっている。最高裁長官は、めったに開かれない大法廷の裁判にしか関与しないが、首席調査官、上席調査官というヒエラルキーの命令系統を通じて、調査官たちの意見をコントロールすることが可能であり、おそらく、実際にもそうしているだろう。つまり、長官は、ほとんど審理裁判には関与することのないままに、憲法訴訟、行政訴訟等の「価値」と「正義」に関わる判例の大筋、流れを、強力に誘導している可能性が高い。

日本の最高裁判所に三権分立のコーナーストーンとしての存在感がほとんど全くなく、最高裁それ自体が巨大な「ヒラメ裁判所」と化している感があることの大きな原因は、このような調査官裁判のシステムにある。

この項目の最後に、日本の裁判所・裁判官のあり方を象徴する最高裁判所のエピソードについて書いておこう。「価値」に関わるある裁判で、事務総局系であり最有力の最高裁長官候補でもあったある最高裁判事が反対意見を書いた（なお、この人は、事務総局系であるにもかかわらず、異邦人的な位置にあった私の論文や書物を読み、評価していたという話を聞いたことがある）。ところが、これが最高裁長官の逆鱗《げきりん》に触れ、その結果、何と、彼は、最高裁長官候補から外されてしまったのだ。その裁判官が落ち込み、体調もすぐれなくなったという話も聞いているが、それはそうであろう。

こうした「究極の制裁人事」がまかり通っている日本の裁判所で、下級裁判所の平均的な裁判官に「ヒラメ裁判官」になるなといってみても、それはなかなか難しいだろう。組織の根本がゆがんでいる中でささやかにではあっても正義を貫くには、大変な勇気と努力が必要であり、にもかかわらず、日本型キャリアシステムではそのような勇気と気概のある人間が育ちにくいことは、あまりにも明らかだからである。

下級裁判所の問題点

下級裁判所については、『絶望』に詳しく記したので、若干の事柄を補足するにとどめたい。

まず、刑事裁判については、冤罪防止という観点からみると本当に「絶望的」な状況であり、根本的な改革が必要である。裁判所サイドでは、刑事系というセクションをなるべく小さくすること、また、裁判員制度の改革と選択制の陪審員制度への移行が必要である（本書第3章3、『絶望』七二頁・一四九頁以下）。本当をいえば、裁判官についても検察官についてもキャリアシステムを廃止しない限り、刑事裁判は抜本的にはよくならないと思う。

警察はまあ仕方がないとしても、裁判官、検察官のキャリアシステムはやめたほうがよく、また、裁判官に刑事の専門家を作ることも避けたほうがよい。それが、三三年間裁判官を務めた私のいつわらざる感想である。一枚岩の組織、その空気の中ですごすうちに、「被疑者、被告人＝奴ら、あいつら、どうしようもないやつら、嘘つき、やってるに決まってる」という方向へ引っ張られてゆく可能性が、きわめて高いからである。

なお、弁護士についても、刑事専門家は実にさまざまであり、人権感覚や正義感にすぐれたすばらしい人もいる反面、ダーティーなイメージが強い人やいささか常識、良識に欠けるのではないかと感じられる人もまた存在し、刑事司法に関わる仕事の難しさを感じさせられる。

「怪物と戦う者は、その過程でみずからを怪物と化さないよう心がけなければならない。あなたが長く深淵を覗くときには、深淵もまたあなたを見詰め返している」というニーチェの有名な箴言《しんげん》がある（『善悪の彼岸』から）が、私が刑事司法に携わる人々について考えるときにいつも思い出すのは、この言葉である。

第3章でも述べたことだが、取調べの全面的可視化等に加え、「人質司法」の根絶も必要である。「人質司法」は、今や、欧米標準どころか世界標準から大きく外れており、「冤罪の温床」として海外からも強く批判されている。このままではやっていけないことは明らかなのだ。私は元裁判官の訴訟法学者として断言するが、「人質司法」を根絶しない限り、冤罪は、絶対になくならない。

そして、「人質司法」を根絶することができないのは、結局のところ、私たちが、「冤罪事件などいくらかあっても別にどうということはなく、社会防衛のほうがずっと大切」（『絶望』七頁）と考えているような首相、政権、政治家、官僚に政治、行政を任せていることが原因なのだということも、認識する必要がある。

社会秩序の維持とみずからの安全さえ確保されれば事足りると考え、冤罪事件の被害者という「決定的な社会的弱者、少数者」については、切り捨て、見て見ぬふりをする。大変残念ながら、それが、私たちの社会の総体としてのあり方なのであり、マスメディアの姿勢も、基本的にはそうである。そこから根本的に考え直さない限り、「国家による犯罪」も「国家による殺人」も、おそらく、なくなることはない。

なお、裁判所については、法律に根拠を有する情報公開制度創設の必要性や裁判官会議の復権の必要性が説かれることが多い（たとえば新藤宗幸《むねゆき》『司法官僚——裁判所の権力者たち』〔岩波新書〕）。裁判官会議とは、各裁判所ごとに設けられ、裁判官たちによって構成される司法行政の決定機関であるが、実際には完全に形骸化している（『絶望』二六頁）。裁判官会議の復権というのは、これを活性化させるべきだという意見である。

こうした意見にはうなずける部分もある。もしも私が裁判官を経験せずに最初から学者になっていたら、あるいはジャーナリストになっていたら、同じことをいったかもしれない。

しかし、『絶望』でもこの本でも記してきたとおり、裁判所の支配、統制のシステムは、きわめて強力であり緻密でありながら、同時に、きわめてみえにくくとらえにくいことが特徴であり、その意味では非常に「洗練」されたものであることを考えると、情報公開の有効性は限られよう。

裁判所における最も重要な決定やその上意下達については、その証拠が残らず、文書も存在しないか、あるいは文書の存在自体が否定されていることが多いからである。その典型が、最高裁判所事務総局人事局に存在する絶対極秘の裁判官個人別人事書面である（『絶望』一〇〇頁）。これの存在については、私は、何人かの裁判官のみならず、人事局勤務経験のある職員からも聞いたことがある。つまり、実際には、「ある」に決まっているのだ。しかし、問題は、事務総局にどうやってその存在を認めさせることができるかということなのである。

また、裁判官会議については、東京地裁内で堂々と出来レース選挙、八百長選挙をやって何の疑問も感じないような多数派の裁判官（『絶望』二二五頁以下）に裁判官会議の復権など説いてみても、犬や猫に倫理学を説く程度の意味しかないことは、火を見るよりも明らかであろう。大変残念ではあるが、それがいつわらざる事実である。

要するに、裁判所・裁判官制度の根本的な改革は、事務総局人事局の解体とそれ以外のセクションの大学事務局的な部門への改革（権力的な要素をなくして事務方に徹するようにするという趣旨）、そして、キャリアシステムの法曹一元制度への移行以外によってはなしえないのではないかと考える（『絶望』第6章）。それ以外の有効な方法があると考える人がいるなら、きちんと実名を示してそれを提案していただきたいと思う。『絶望』に対する専門家の意見はかなりの数あった（もっとも多くは匿名）が、私の知る限り、現在の裁判所・裁判官制度の改善に関する有効な対案は、示されたことがないのではないかと考える。

なお、裁判官の増員については、たとえば、現在の家裁が十分に機能していない（このことについては近年利用者の批判が非常に強い）から、家裁専門の、そうした方面の知識や経験もある裁判官を、現在の裁判官とは別建てでかなりの数採用する（つまり家裁の裁判官は専門職化する）こととし、併せて家裁の各種裁判や事務手続についても抜本的に見直すといった話であれば、裁判の質やサーヴィスの向上にもつながると思う。しかし、裁判官の仕事やシステムが現在のまま変わらないのであれば、全体に事件数が減少し、刑事系に至っては裁判員制度を口実とした増員で一時は水ぶくれ状態になっていたという状況における「裁判官多忙」論は、まさに神話以外の何物でもないと考える（『絶望』一五九頁以下）。

最後に、この書物でも取り上げたような勇気ある判断を行う裁判官もまだ存在するではないかという声もある。確かにそのとおりである。しかし、私の経験、また、良識派であった同僚裁判官たちについて思い出すところによれば、彼らも、おそらく、みずからの孤塁を守ることで精一杯であり、裁判所の改革に向けることのできるようなエネルギーの余裕はないと思う。また、彼らが、制度改革をみずからの手で行うことができるようなレヴェルにまでピラミッド型ヒエラルキーの階段を昇り詰めることも、絶対にありえない。

なお、彼らのキャリアがおおむね終わりに近付いている（いた）ことにも留意してほしい。さすがに、その段階におけるあまりに極端な報復人事は、事務総局もやりにくい。報復人事は、原則として、すぐにやらずにいくらか時間を置いて行うのがミソだからだ（『絶望』九一頁）。若年の裁判長について行われることのある、一度近くの高裁の右陪席にした上で遠くに飛ばすという報復人事がその一つの例だ。もっとも、未だ実績に乏しい若手裁判官の場合だと、果敢な判断を行った後、退官するまで辺地の地家裁支部ばかりいくつでも転々と飛ばされるといったすさまじい報復人事を受けることもある。

あなたはそれでも株式会社ジャスティスに入社しますか？

さて、ここで、法律家をめざしている学生諸君に、一つの企業を御案内させていただきたい。

この企業は、名前を「株式会社ジャスティス」といい、明治時代以来の長い歴史をもつ伝統ある会社で、ことに戦後は、そのランク付けが飛躍的に向上した。従業員は約二万六〇〇〇人であるが、その中核を占めるエリート社員約二九〇〇人は、すべてが難関の国家資格を有している。ジャスティスは、その規模こそさほどでもないものの、かつては、そのエリート部門は、名門中の名門として、入社時の競争倍率も抜群に高かったのである。

ジャスティスの人気に翳《かげ》りがみえ始めたのは、バブル経済の時代だった。社と関わりはあるが社外で活動する独立事業者のほうに成績優秀者が流れるようになったからだ。こうした傾向はバブルがはじけた後にも変わらず、エリート社員の下限のレヴェルは著しく低下した。そして、二〇〇〇年前後から、ジャスティスには、さまざまな問題がささやかれ始めた。

一つの徴表は、外部組織によって行われたカスタマーアンケートの結果だった。ジャスティスの商品は特殊なもので、基本的に、カスタマーの半分は満足し、半分は満足しないという不思議な特徴があるのだが、アンケートの結果は、何と、満足度二割を割っていたのである。アンケートの後、ジャスティスについては、「カスタマーのための徹底的な構造改革」と呼ばれる改革が行われた。その後、ジャスティスの諮問機関が二回にわたる追加アンケートを実施したが、残念ながら、結果はほとんど変わらなかった。

また、ジャスティスの売上げは、構造改革や社外独立事業者のかつてない大幅増員、エリート社員の三割増員（対二〇〇〇年比較）にもかかわらず下降し始め、二〇一三年には、主力商品である「ＭＩＮＪＩ　ＳＯＳＹＯＵ」でピーク時の六七・五％、全商品でピーク時の四五・一％、そして、ジャスティスに対する人々やビジネス界の期待を示すシンボルともいわれる「先駆け商品――ＭＩＮＪＩ　ＨＯＺＥＮ」については、さらに低い三七・

二％にまで落ち込んだ。

さらに、エリート社員の不祥事も目立ち始めた。ジャスティスのエリートたちは、かつてはその廉潔さで知られ、戦後の混乱期には闇米を食べないで餓死した者さえあったのだが、一九七〇年代になると各種の不祥事が現れ、ことに、二〇〇〇年代以降は、八件もの性的な不祥事が連続して起こり、その中には、被害者抵抗不能の状態でわいせつ行為を行った準強制わいせつ事件までが含まれているのである。また、それらがすべてであるとは限らず、表に出ないままに処理されているものも十分ありうるという。

このような不祥事の連続については、エリート社員たちの能力やモラルの低下もさることながら、昔からささやかれていたジャスティス内部における管理、統制システムの過酷さが一つの原因ではないかといわれている。ジャスティスのエリート職員はわずか二九〇〇人であるにもかかわらず、各社員が一〇年に一度人事部の「リストラ査定システム」をくぐらなければならず、近年は、これによって、毎年数人が首を切られ、少なくともそれと同程度ないしそれ以上の人間が肩叩きで退職しているというのだ。

しかも、首を切られる社員や肩叩きにあう社員は必ずしも成績不良者とは限らず、上層部の方針に従わなかった、あるいは、それに合わないと判断された優秀な社員に対する見せしめ的な解雇、また、事実上の退職強要の場合が含まれている可能性が高いという。

ジャスティスの激しい業績低下の原因は、根本的には、戦前の古い上命下服のシステムをそのまま受け継いだことにあるのではないかと、関係者は分析する。こうしたピラミッド型の組織は、いったん腐敗が進むととどめようがなく、しかも、ジャスティスは長年殿様商売を続けてきた独占企業であるために、外部の批判の声も全く届かないというのだ。

以上のようなジャスティスの問題点が集約している事柄に、その服務規律の驚くべき秘密がある。外部の人間はほとんど知らないのだが、何と、エリート社員たちの服務規律は、明治二〇年に作られたものであり、正式な休職の制度もなく、したがって、社員たちは、病気になった場合には、回復の見込みが早期に立たなければ退職するほかないというのだ。また、有給休暇についても正式な制度はなく、支社長たちの「取決め」によっているというのである。

そういえば、ジャスティスには、今日では多くの大学のほか大企業にも設けられているハラスメント防止のためのガイドラインも、相談窓口や審査機関もなく、セクシュアル、パワー、モラル等の各種のハラスメントが横行し、しかもハラスメントを行っている上司たちにはその意識すらないということだ。

こうしたことの結果、最近では、「このような状態のジャスティスにもはや未来はない」という意見も主張されているという。

（御案内終了）

いかがであろうか？　法科大学院と法学部の学生諸君。あなたは、これでも、株式会社ジャスティスに入社しますか？　ジャスティスのシステムを根本的に改革しない限り、この企業はノー・フューチャーだと思いませんか？

判断は読者にお任せする。なお、前記の比喩には、裁判と商業活動を同一視する無理があることはもちろん承知している。しかし、あながち荒唐無稽な比喩とまではいえないのではないかと私は考えている。いずれにせよ、もしも裁判所が本当に民間企業だったなら、おそらく、すでにつぶれていることだろう。

なお、前記の比喩のうち、『絶望』ないしは本書（「先駆け商品」は、第5章2の民事保全事件のことである）に明確に記していないのは、裁判官の服務規律の点だけである。その服務規律の基本は、一八八八年（明治二〇年）に公布された勅令「官吏服務紀律」（「勅令」ですよ。「規律」じゃなくて「紀律」ですよ。すばらしいでしょう？）であり、裁判官に勤務時間の観念はなく、休職の制度もないし、年次有給休暇についてすらきちんとした定めはなく、一九七七年の高裁長官申し合わせによっている。

要するに、法的には二四時間無定量に拘束されているわけであり、ごく最近まで裁判官の旅行には帰省についてすら旅行届の提出が必要とされていた根拠はここにある（なお、厳密にいえば、官吏服務紀律自体は一九四七年に失効しているが、「国家公務員法の規定が適用せられるまでの官吏その他政府職員の任免等に関する法律」を介して、国家公務員法の規定が現在なお適用されていない特別職の国家公務員につき「官吏服務紀律の規定の例による」こととされているのである)。

行政官僚における特別職の国家公務員はほんの一握りの幹部だけであり、そのことを考えれば労働関係の規整がないこともやむをえないのかもしれない。しかし、裁判官の場合は、司法研修所を出たばかりの新任判事補時代からこうした前近代的な服務規律の下で働くことになるのであり、これは明らかに異常である。

最高裁判所事務総局がなぜこうした旧態依然たる服務規律を改めないかは、昔から謎であるとされているが、私は、そのほうが裁判官を管理、統制する上で都合がよいからではないかと考えている。前近代的な服務規律を基本とした上で、一〇年に一度の再任で脅し、左遷や遠方への転勤で脅し、さらに際限のないラットレースの出世競争を競わせておけば、上命下服、上意下達など思いのままだからである(『絶望』第3章)。

なお、前記のような服務規律関連の規程については、確か、事務総局総務局が規程集を作っていたはずであり、最高裁判所図書館や各裁判所の資料室に備え付けられていたと思うから、興味のある読者は調べてみられるとよいだろう。もっとも、第4章2で触れたような裁判官協議会の協議結果をまとめた執務資料同様、現在では、部外秘とされているか、あるいは裁判所当局によって引き揚げられてしまっている可能性が高い。少なくとも、規程集については、たとえ裁判所に存在したとしても、本書が出回ると同時に引き揚げられてしまう可能性が高いだろう。

また、裁判官の多数が、ここに記したような服務規律上の問題について十分な知識をもっていないことも、指摘しておきたい。『絶望』にも記したとおり、彼らの多くは、みずからの置かれている状況についてあまりにも無知であり、また、それを客観的に見詰める視点もほとんどもっていない。驚くべきことだが、それが真実なのである。

私が『絶望』（二一〇頁以下）で日本の裁判官たちについて用いた「精神的『収容所群島』の囚人たち」という比喩については、それはあまりに極端ではないか、という意見もあった。しかし、先の比喩は、いつわりのない私の実感なのであり、また、私がこれまでに読んできたナチスドイツや旧ソ連の強制収容所に関する多数の記述や考察も、それを裏付けていると思う。たとえば、ドイツの強制収容所の被収容者に関するプリーモ・レーヴィ（アウシュヴィッツ強制収容所から生還したイタリアのユダヤ人。化学者、作家）が遺作に記した次のような言葉は、日本の裁判所、裁判官にもそのまま当てはまるだろう。

「ラーゲルの内部は複雑に絡み合った階層化された小宇宙だった」

「囚人たちは非常に非人間的な状態に置かれていたため、自分の世界についてほとんど統一的な見方ができなかった」

『溺れるものと救われるもの』〔竹山博英《ひろひで》訳、朝日選書〕

裁判所と権力の関係

日本の裁判所と権力の関係については、たとえば、アメリカの日本法研究者の間でも意見が分かれるところである。具体的には、日本の裁判官は自民党等の政治、政策に寄り添った判断を行っているという人々と、日本の裁判官は政治の影響からは比較的自由であるという人々とがいる。私は、基本的には前者に賛成である。つまり、日本の裁判所・裁判官、少なくともその多数派は、政治や行政の顔色をうかがいながらそれにさからわない裁判を行うことに腐心していると考える。

ただし、自民党との関係だけをいうとすればやや単純すぎるだろう。日本の裁判所・裁判官、ことに最高裁長官や最高裁判所事務総局は、自民党を中核とする政治権力や行政官僚集団および経済界の総体と、世論の動向とをうかがいつつ、基本的には、つまり、「統治と支配の根幹」については、権力と財界に従い、そうでもない部分では、可能な範囲で世論に迎合しようとする傾きがある。

そして、いずれにせよ、重要なのは「世論」にすぎず、個々の国民、市民、制度利用者ではない（『絶望』はしがき、第4章）。暗黒裁判、呆然裁判、非常識裁判が続出することの根拠はこのような裁判所・裁判官の姿勢にある。民事訴訟利用者の満足度が非常に低いことの根拠についても同様である。

事務総局が政治的な圧力にきわめて弱いことは、第4章1で論じた名誉毀損損害賠償請求訴訟の例をみても明らかだろう。経済界の突き上げに応じて知的財産高等裁判所があっという間に設置されたこと（二〇〇五年）もその一例である。

もう一つ例を挙げれば、学生寮明渡請求事件に関し訴訟の原告たる適格と学生寮の所有権の帰属について国際問題が生じた光華寮《こうかりょう》訴訟がある。中華民国（台湾）が、その所有する学生寮に居住する寮生の一部に対して提起した明渡請求訴訟である。

この訴訟について、最高裁は、上告事件を一九八七年以降実に二〇年間も塩漬け状態にした上、二〇〇七年初めに突如として審理を再開し、同年（平成一九年）三月二七日判決（藤田宙靖《ときやす》裁判長）において、それまでの下級審の四つの判決のうち最初のものを除いた三つとは異なり原告適格は中国にあるとして、事件を第一審に差し戻した。

この事件の最高裁における審理経過は右のとおりきわめて不自然であり、また、その判断についても、政治的な圧力によって民事訴訟法、国際法上の常識をまげたものではないかと批判されている。学生寮は外交財産や国家権力行使のための財産ではないから、中華民国に訴訟の原告適格や建物の所有権を認めても問題はないと考えられるからだ。

種明かしをすれば、おそらく、右の批判は当たっている。私は一九八六年から一九八八年にかけて事務総局民事局に局付として勤務していたが、最高裁にこの事件が係属した前後から、外務省がしょっちゅう民事局長室に出入りしてさまざまな申入れをし、事務総局局長には珍しく学者肌の人であった当時の民事局長が閉口して、「外務省は非常識だ」とこぼしていたのを記憶しているからである。

したがって、異例の事件塩漬け、突然の審理再開、中国寄りの判決がいずれも政治の圧力によるものであること、光華寮訴訟最高裁判決が日本の最高裁特有の露骨な政治的判決の一つであることは、ほぼ間違いないであろう。なお、この事件は、提訴から最高裁判決までに四〇年が経過し、現在、日本の裁判所に係属する最も古い民事訴訟となっている。

最高裁長官史と裁判所の空気の移り変わり

さて、ここで、『絶望』（一一五頁以下）でもある程度触れた最高裁長官史とそれに伴う裁判所の空気の移り変わりを、駆け足でさらえておきたい（山本祐司氏の労作『最高裁物語』〔講談社＋α文庫〕および元裁判官の先輩たちの言葉を参考にさせていただいた）。

次頁の表をみてほしい。最初のキーパースンは、砂川事件最高裁大法廷判決の内容をア

代	氏名	任期	出身分野
1	三淵　忠彦	1947～1950	裁判官
2	田中耕太郎	1950～1960	法学者
3	横田喜三郎	1960～1966	法学者
4	横田　正俊	1966～1969	裁判官
5	石田　和外《かずと》	1969～1973	裁判官
6	村上　朝一《ともかず》	1973～1976	裁判官
7	藤林　益三《えきぞう》	1976～1977	弁護士
8	岡原　昌男	1977～1979	検察官
9	服部　高顯《たかあき》	1979～1982	裁判官
10	寺田　治郎	1982～1985	裁判官
11	矢口　洪一	1985～1990	裁判官
12	草場　良八	1990～1995	裁判官
13	三好　　達《とおる》	1995～1997	裁判官
14	山口　　繁	1997～2002	裁判官
15	町田　　顯《あきら》	2002～2006	裁判官
16	島田　仁郎《にろう》	2006～2008	裁判官
17	竹﨑《たけさき》　博允《ひろのぶ》	2008～2014	裁判官
18	寺田　逸郎《いつろう》	2014～現職	裁判官

歴代最高裁判所長官

メリカ側に事前リークした（『絶望』二四頁）田中耕太郎長官である（任期は一九五〇年から一九六〇年までと非常に長かった）。元学者、そして裁判官の長として当然従うべき正義の要請よりも、アメリカと国粋的保守派の政治ないし政治家に対する忠義のほうを優先させる、その意味では、法律家としてあるまじき倫理観をもっていた人物であることは否定しにくい。

もっとも、田中長官は、派閥を作ったり陰湿な内部統制を行ったりはせず、そのような意味では、学者的なフェアネスをも備えた人物であったようだ。その後の二人の横田長官の時代、すなわち六〇年代は、最高裁のかりそめのリベラル時代といわれる。しかし、最高裁判決のリベラル化、ことに公務員の争議行為を刑罰から解放する方向の判決が出たことに大きな危機感を抱いた自民党は、右翼的な考え方の持ち主である石田和外《かずと》氏を最高裁長官に据えた。

石田長官（任期は一九六九年から一九七三年まで）は、自民党の思惑どおり、当時の最高裁における多数派であったリベラル派を一掃する人事を行い、また、ブルーパージを推進した（ブルーパージとは、青年法律家協会裁判官部会、いわゆる青法協裁判官、左翼系裁判官に対する、再任拒否まで含めたさまざまな不利益取扱いや、人事の餌で釣っての青法協からの脱会工作のことである。『絶望』二三二頁）。

さて、これまでの石田長官批判については、左翼系の人々が中心となって行ったことからもっぱらブルーパージのことが語られてきたが、その後の裁判所全体の方向を決定するという意味では、実は、トップ人事におけるリベラル派の一掃、また、裁判所・裁判官全体におけるリベラル的な流れや空気の一掃のほうが、より重大な事柄だったのではないかと私は考えている。

戦後の裁判所における自由主義の潮流は、ここで事実上その息の根を止められ、裁判所・裁判官全体に、権力追随と事なかれ主義の傾向が蔓延するようになった。この時点から、裁判所の精神的「収容所群島」化、全体主義化が始まったのである。前記のような自民党の政治的介入が戦後裁判所の歴史に残した傷跡は、醜くかつ深い。

この点については、『絶望』でも二度触れた（九九頁以下、一五三頁）ダニエル・H・フット教授（東京大学）の『名もない顔もない司法——日本の裁判は変わるのか』〔NTT出版〕にもう一度言及しておきたい。同書には「それでも、アメリカ人の目からすると、驚くべきことは、裁判官任命過程に時折政治が関与することではなく、むしろ政治のもつ役割が限られていることにある」（二〇二頁）という記述がある。しかし、これは、そういう一面が全くないではないとしても、明らかに読者を誤導するものである。

拮抗する勢力が一定のフェアネスを保ちながら相争い、右に左に大きく揺れ、揺り返しながら進んでゆくアメリカの政治、社会のシステムと、ムラ、タコツボ（丸山真男『日本の思想』〔岩波新書〕一二九頁以下）の集まりであって静態的性格の強い日本の政治、社会のシステムとは、全く異なる。日本のような社会では、自民党がただ一度国粋的保守の最高裁長官をねじ込んだだけで、左派はもちろん、自由主義者までが息の根を止められるような事態が起こるのだ。

アメリカ人で日本の大学に勤める法社会学者であり一定の実績もあるフット教授にもしもそのことがわかっていないとしたら、驚くべき事態というほかない。このことについては、東大出身のある学者から、「東大という比較的官学系の空気が強い場所の中にいて彼が得られる情報が限られているからではないでしょうか？」という意見を聴いたが、一理あるかもしれない。

しかし、石田長官以降の四人の長官は、出身も多彩であり、また、思想的には保守派（岡原氏はタカ派）であっても、それほどの圧政を行ってはいない。これは、自民党の石田人事に対する各方面からの厳しい批判に配慮したものであろうといわれている。

現在に続く最高裁の姿勢が明らかになるのは、寺田治郎長官の時代からであり、これ以降、最高裁長官は事務総局系一色で染められる。また、寺田氏から竹崎博允《たけさきひろのぶ》氏までの八名の長官のうち半分の四名が事務総局トップの事務総長経験者である。その中で目立つ人物は、石田長官に始まる最高裁の右傾化、保守化を完成させた矢口洪一長官（任期は一九八五年から一九九〇年まで）と、そのリサイクル版で、全体主義的共産主義体制にも似た一種の「異分子排除システム」を作り上げた刑事系の竹﨑長官（任期は二〇〇八年から二〇一四年まで）であろう。

さて、その竹﨑長官は、『絶望』が最初に書店に並んだ日からちょうど一週間後の二〇一四年二月二六日に、突然、三月いっぱいで退任すると発表した。最高裁長官の仕事は司法行政が大半であり、裁判には大法廷のそれ以外関わらないことを考えると、わずか三か月余りの期間を残し、また、後任人事も未定のままでの急ぎの退任発表は、きわめて異例のことと感じられた。

健康上の理由もあるにせよ、続いて入院等が行われたとの報道はなかったから、それだけが理由ではないだろうと考えた人も多かったようである。新聞等にも、法律家の会話にも、フェイスブック等インターネット上にも、いくつかの推測が現れた。それらについて論評することは差し控えるが、こうした推測が現れるほどに奇妙に感じられる出来事だったということである。

竹﨑長官の退任記者会見については、司法記者クラブに属するマスメディア一五社から各一人ずつしか出席を認められなかった。東京新聞は二人の出席を求めたが拒否された。これは長官記者会見の慣例であり、その理由は場所の制約であるという（東京新聞二〇一四年三月二五日付け朝刊「こちら特報部」欄)。

しかし、最高裁にはもちろんいくらでも大きな部屋がある。記者クラブ以外の記者を入れて「いけない質問」をされてはまずいという配慮からの措置なのではないだろうか？

ちなみに、会見では、お行儀が比較的よいはずの記者クラブ加盟社所属司法記者からも、「長官、〔御病気というお話にもかかわらず〕随分お元気そうにみえますが……」というい ささか揶揄《やゆ》的な言葉が出ていたという。

いずれにせよ、裁判官の支配統制に大きなエネルギーを注ぐのみならず、そのやり方が露骨と評価された人物としては矢口長官以来であった「竹﨑長官時代」の、あっけない幕切れではあった。

後任の寺田逸郎《いつろう》長官は、先の寺田長官の御子息である。長官になるまでのキャリアの半分以上である二三年間を法務省で過ごしており、したがって事務総局の経験はないが、これは父親が最高裁判事となったことに配慮して裁判所から外に出したものであろうといわれている。法務省勤務が長いため、検察系との太い人脈もありうると思われる。

ところで、最高裁長官交代の玉突き人事で二〇一四年四月に東京高裁長官から最高裁判事に就任した山﨑敏充《やまさきとしみつ》氏は、民事系ではあるが、竹﨑長官の時代に事務総長を経験した人物であり、竹﨑氏べったりの姿勢を民事系の裁判官たちから批判されていた。そして、山﨑氏の後の東京高裁長官には、東京地裁所長から小池裕《ひろし》氏が抜擢されている。先輩七名の高裁長官越しの異例の「出世」である。

この小池氏も、民事系ではあるが、竹﨑氏と関係が深いといわれる人物であり、この異例の人事が、山﨑氏に続いて自分と関係の深い人物を最高裁に送り込む布石としての、竹﨑長官の遺言人事である可能性は否定できないと思う。彼が今後最高裁判事に任命されるかどうかには注目すべきところであろう。

要するに、長官が交代したからといって、最高裁の体質がそう簡単に変わるとは思われない。司法制度改革を悪用して支配、統制のシステムを徹底的に固め、末端の人事にまでその方針を貫徹させてきた竹﨑長官や最高裁判所事務総局のやり方は、長い時間の間に必然的に積み上げられてきたもの、いわば日本の裁判所制度における「負の遺産」の帰結であり総決算であって、それなりの方向性や必然性をもっているからだ。

裁判所・裁判官制度の根本的、抜本的な改革が行われない限り、竹﨑長官が退官した後にも、また、刑事系裁判官による人事支配の一時期が終わった後にも、なおこれまでと同様の傾向が継続する可能性は高いと思われる、と私が『絶望』（七六頁）に記したことの意味がおわかりいただけたであろうか？

コンプライアンスを行う意思が全くないことを明らかにした最高裁判所

さて、裁判所当局は、長官交代の前後を通じて、『絶望』に対し、一言の対応もしていない。また、現場の裁判官たちも、この書物については黙して語らないと聞いている。

事務総局は、裁判所に関する報道や記事に神経をとがらせており、弁護士のブログへの書込みについてすら記述に疑問をもてば抗議、訂正の申入れを行うことがあるといわれている。また、一九九七年一〇月に、組織的犯罪対策法（組織的な犯罪の処罰及び犯罪収益の規制等に関する法律）案に関連して裁判官の令状処理のあり方を批判する寺西和史《かずし》判事補の投書（見出しは「信頼できない盗聴令状審査」）が朝日新聞「声」欄に掲載された後には、裁判所や裁判官たちの囂々《ごうごう》たる批判、非難が続いた。それらと比較すれば、前記のような裁判所、裁判官の「沈黙」の不思議さがわかるだろう。

寺西判事補事件については知らない方も多いと思うので、簡潔に記しておく。

寺西判事補は、先の一通の投書によって地裁所長から厳重注意処分を受けたし、朝日新聞には刑事系ヴェテラン裁判官の反論投書も掲載された。また、寺西判事補は、翌年四月に組織的犯罪対策法案反対派主催の集会に出席して、「パネリストとして出席するつもりだったが、懲戒処分もありうると地裁所長に警告されたのでそれは控えた。法案に反対することは裁判所法で禁止されていないと思う」旨発言したことから高等裁判所の分限裁判で戒告処分を受け、即時抗告後の最高裁決定でもこれが支持された（一九九八年〔平成一〇年〕一二月一日大法廷、山口繁裁判長）。裁判所法五二条一号違反、すなわち、積極的に政治運動を行った、ということである。

しかし、集会への出席と前記の発言だけで「積極的な政治運動」というのはいかにも無理が大きく、実際には先の投書をも含めての処分であろうというのが裁判官の大方の見方だったと記憶している。いずれにせよ、裁判官の間では、以上の一連の経過は、寄ると触《さわ》ると話題になっており、前記のとおり、寺西判事補に対する批判の声も数多く聞かれた。

このように、一人の判事補の投書と集会出席だけで、裁判所には「コップの中の大嵐」が起こるのだ。そのことを考えれば、『絶望』に対する「静寂の嵐」とでも評したいような完全な沈黙《サイレンス》は、不思議とは思われないだろうか？　なぜ、そういう事態になっているのだろうか？

現場の裁判官たちについては、良識派の裁判官は、表現は先鋭だが書かれていることには当たっている部分もあると思っているのかもしれない。多数派の裁判官も、「痛い」と感じる部分があるから声高な批判はしないのかもしれない。少なくとも、記者に対してオンレコでコメントを行う人はいないという。

しかし、裁判所当局が同様に考えているとは到底思われない。

『絶望』の出版直前に行われたウェブマガジンのインタヴューにおける「裁判所当局は、本書に対してどのようなリアクションをとると考えられますか？」というインタヴュアーの問いに対し、私は、「裁判所当局は、普通に考えれば、黙殺し、頬被《ほおかぶ》りを決め込むでしょうね。もしも反論を行えば、当然僕の再反論も認めなければならず、そうするとさらに都合の悪いことになってゆくことは目にみえていますから」と答えたが、この考えは現在も変わっていない。

反論を行えば、とりあえず静観しているマスメディアもさすがに報道を始めるであろうし、もしも記述や推論の誤りを立証できなければ、ダメージが大きくなるだけである。そういう判断であろう（なお、幹部裁判官については、「あの本には触れるな。反論もするな」という箝《かん》口令《こうれい》が敷かれているとの噂もある）。

ここで、すでに触れた裁判所の服務規律、労務管理の問題に関連して、『絶望』（四二頁以下）にも記した私自身の体験を、今一度紹介しておきたい。

私の退官時に、当時の地裁所長は、私に対し、有給休暇承認願いの日にちが多すぎる、そんなに有給休暇を取るなら早くやめたらどうだ、と執拗にいいつのり、早期退官の事実上の強要を行った。私は、退官に当たり、事件の進行運営や引き継ぎに関しては、当事者にも後任者にも迷惑をかけないよう種々配慮した上で、四月からすぐに始まる各種の講義と演習の準備のために、取得可能な有給休暇の一部を申請したのだが、この所長は、最高裁事務総局にマークされている私の有給休暇申請をそのまま認めると自分の評価に響くとでも考えたのか、これを頑として認めず、同じことを、二度にわたり、ことに一度目には長時間、表現を変えながら、執拗にいいつのった。これは私個人に起こったことではあるが、全国各地の裁判所で右に類したパワーハラスメント行為が行われている可能性は否定できない。

実はこの話には後日談があり、それが、私が本書にこのことをもう一度記さざるをえなかった理由でもある。二〇一四年二月の『絶望』刊行後に、裁判所部内で、また、後には部外に対しても、先の出来事につき、事実とは異なるデマが流れているのだ。そのデマとは、私が、「ある時期以降は一切裁判所に出ないという形の、かつ、限度ぎりぎりいっぱいの、非常識な有給休暇申請を行ったので、所長がこれをたしなめ、是正させたにすぎない」というものである。

しかし、前記のとおり、私は、退官に際し当事者や周囲に迷惑がかからないよう配慮しており、合議事件の法廷には最後まで出るのはもちろん、私の単独事件（一人の裁判官で審理裁判を行う事件）の口頭弁論も、二月までのほか、三月についても中旬以降に二回入れる旨、最初から所長に説明している（うち単独事件については『絶望』〔四三頁〕にも記しておいた）。

誰がこのようなデマを流しているのかはわからないが、悪意に満ちた内容であり、中傷の意図が明らかである。『絶望』を世に出した時点で、この種のいやがらせ行為があることは予期していたが、それにしても、裁判所部内のみならず部外にまでデマが流されるなどといったことは、さすがに、考えてもみなかった。これは私の名誉に関わる行為であり、放置しておけば先のような誤った噂が定着してしまうおそれがあるので、そのままにしておくわけにはゆかない。

私の手元には、直後に所長とのやりとりを書き留めた覚書的な文書、憤慨、動転して知人等に相談したメール、当初提出して撤回させられた承認願い（書面の名称は単なる「休暇届」だが）が保存してあり、先の噂が虚偽であることは容易に証明できる。

繰り返すまでもないが、正当な有給休暇の申請を理由に早期退官を事実上強要するのは、労働法の基本原則に反する。しかも、所長は、私に裁判をしないでやめろと言ったわけだから、これは、裁判官の身分保障（日本国憲法七八条）の趣旨にもとる行為でもある。

この所長（倉吉敬氏）はその後高裁長官になっている。そのような高位にある裁判官が早期退官を事実上強要したのであるから、何らかの調査が行われてよいはずだと考えるが、そのような話は寡聞《かぶん》にして知らない。現在の裁判所がもしもなお自浄能力をもっているのであれば、一度事実関係を検証してみてはいかがであろうか？　私自身は、求められれば、必要に応じて前記のような資料を公開する用意はある。

ところで、『絶望』については、たとえば次のような書評が書かれている。

「本書がありがちな内部告発本と異なるのは、昨今の司法界を巡って人々が漠然と感じていた違和感に、『複雑明快』とでも言うべき答えを示した点だ。ハードな内容ながら広く読まれているのもうなずける。〔たとえば〕日本の刑事司法は、国連でも『中世』レベルと批判された。なぜ中世のままなのか、本書を読めばその理由が〝絶望的〟なまで良くわかる。最高裁での勤務経験もある元裁判官の著者は、現在の大学教員という外部の視点から司法界の内情に鋭く切り込む。そこには構造的な問題がある。〔……〕本書に対する法曹界の反応に注目したい。冷笑と無視だけなら、この業界は確かに終わっている。活発な議論の端緒とすることで、ぜひ『司法界はじまったな』と言わせて欲しい」

（斎藤環《たまき》氏。二〇一四年五月一一日付け朝日新聞読書欄）

他分野の専門家（精神科医）である斎藤氏の眼からみても、司法界の現状はそのようにみえるということであろう。しかしながら、日本の最高裁判所は、あわただしい長官交代劇の前後を通じ『絶望』の指摘に頬被りを続けることによって、批判に対しては透明性をもった形で広い意味での調査、応答等をするという意味でのコンプライアンスを行う意思も姿勢ももはや毛頭ないことを、明らかにしたのである。

第8章　裁判官の孤独と憂鬱《ゆううつ》

裁判官の孤独と憂鬱

一九九四年の晩秋、裁判官時代一度目のうつを病んで、実はその正体、メカニズムは、うつというよりも神経症のそれだったのだが、故郷の名古屋に帰省した。父は、長い間私に強いてきた事柄や期待についての自責の念もあったのだろうと思うが、しばらくの間、何もいわずによく面倒をみてくれた。

ある日、私は、父に連れられて、車で奥琵琶湖へ出かけた。抜けるような晴天の下、紅葉の山々が、次から次へと折り重なるようにして目の前に押し寄せてくる。

「ああ、赤い……。世界が静かに燃えているようだ」

私はそう思った。そのあまりにも鮮やかなイメージを、間もなく回復してから二〇年が経った今でも、なお、ありありと思い出すことができる。それは、私が見た一つの「世界の果て」、日常からほんのわずかの距離にありながら同時にあまりにも遠い「他界」の眺めであった。

裁判官時代の二回の闘病体験はつらいものではあったが、そこから得られたものも大きかった。だから、私は、あれらの体験がなかったほうがよいとは思わない。

しかし、それらは、すぐれて「裁判官の病」でもあった。もしも私が無理をして裁判官を続けず、三〇代の前半くらいまでに学者に転身していれば、おそらく、うつや神経症を病むことはなかっただろう。日本という、一見したところでは相当に洗練されたモダンな社会がそこに存在するかにみえながら実は十分に近代市民社会が成立、成熟したことのない国で、人々の生活や実感とはかなりの距離、乖離《かいり》がある法律を取り扱う、しかも、裁判官という「裁く」立場で取り扱うことには、大きなストレスがつきまとう。

それに加えて、日本の裁判所・裁判官社会は、『絶望』やこの書物に記したような全体主義的、収容所的なヒエラルキー社会なのであるから、元々社会・人文科学系の頭と芸術系のバックグラウンドをもった人間である私には、裁判官という仕事は本当にきつかった。

日本の官僚裁判官が帝政ロシアの裁判官イヴァン・イリイチ（『絶望』一九二頁以下）に似ているのは、実をいえば、不思議でも何でもない。日本とロシアは、近代の精神が十分に根付かないまま制度レヴェルの近代化が上から行われ（もっとも、帝政ロシアの近代化には大きな限界があったが、それは、日本でも、戦前の絶対主義的天皇制下では同じことだった）、したがって市民社会の成立基盤である個人の基盤もまた確立しておらず、個の意識がきわめて弱い社会であるという意味では、かなりよく似ているからだ。

チェーホフの小説には、インテリのサロンと農民たちの悲惨な生活の間で引き裂かれて神経を病む医師や法律家がいっぱい出てくる。農奴の孫であったチェーホフは、こうした浮動的インテリたちの精神的基盤のもろさを、人一倍敏感に感受し、繊細に分析することができた。ちなみに、チェーホフ文学の特質は穏やかな温かさであるというのが日本における一般的な受け止め方のようだが、彼の文学を特徴付けるものはむしろ鋭利な冷ややかさではないかと私は思う。彼の文学は、常に、「システムの圏外にある者」の視線によって刺し貫かれている。

日本の裁判官が簡単に官僚、役人に堕《お》ちてしまうのも、また、そうでなくてもせいぜいのところ高級な職人でしかありえない場合が多いのも、おそらく、右のことと関係がある。前記のような矛盾にいつも身をさらしていたのでは神経がもたないからであり、役人になって心を閉ざすか、職人になってトリヴィアルな芸の世界に埋没するほうが、ずっと楽だからである。そして、その意味では、日本の法学者にも、程度やニュアンスの違いはあるものの、同じような傾向はある。

そのことについては、もちろん、裁判官だけではなく、裁判官という存在を建前や当為の次元でしかとらえようとしない社会のあり方にも一つの原因がある。

非常に簡単にいってしまえば、日本の社会は、裁判官を人間としてみてはいない。

たとえば、アメリカの裁判官は、裁判をするに当たって横並びの発想など全くないし、一般社会との交流や服装についても当然のことながら完全に自由である。パーティーで一杯飲んだ後ハイウェイを飛ばしていて警官に呼び止められても、「すまんすまん。わしゃ州地裁の裁判官でな。気を付けるよ」、「御苦労様です、判事。どうぞ安全運転を」でおしまいだ。これは、裁判官の車の助手席に乗せてもらっていた私が実際に目撃した出来事である。日本だったら、同様の場面で裁判官が積極的に職業を名乗ることはまずないし、車を止められただけで真っ青になること請け合いだろう。

なお、映画を見ればおわかりのとおり、アメリカの警官は、少しでも不審があると必ず車を止めて職務質問を行う。酒気帯び運転の基準は日本よりはかなり甘いので、右の例についても、警官が呼び止めた理由は、酒気帯びではなくちょっとスピード出しすぎの点であり、軽い飲酒のほうは違法ではない。しかし、いずれにせよ、裁判官について、市民の代表として裁判を行うという意味で少しえらい人、いわゆる名士として、一定の敬意は払われているが、たとえば政治家と同じように、普通の人間、同輩市民の一員であることもまた当然の前提とされていることは、おわかりであろう。

「これまで、裁判官って、主張や証拠を入れてあげれば当然正しい判決を出してくれる機械みたいに考えていたんだけど、本当は違うんですね」

という、第2章で引いた若手弁護士の言葉を思い出してほしい。中心となって集団訴訟を手がけている弁護士にしてこの有様なのである。法曹一元制度がとられておらず、ヨーロッパのように法律家集団、高度専門職種団の共通の「場」が成立してもいない日本では、弁護士でさえ、「裁く」という立場の含む前記のような矛盾や困難さを想像することが難しいし、想像してみようとすらしないのだ。

日本の裁判官は、率直にいえば、空しい職業である。ある先輩が、「僕たちの仕事は社会のどぶさらいみたいなもの」と自嘲的に語るのを若いころに聴き、「そんなことはない」と言いたいのに「確かにそうかもしれない」という気持ちがして、反論できなかったことをよく覚えている。

当事者本人にもそういう側面がないではないが、弁護士のある程度の部分は、当事者本人以上に無遠慮に、裁判に対する自分たちの思い込みやわがままな要求を裁判官に押し付けてくるところがある。たとえば、散々手間をかけて手取り足取り主張を促し、法律論の問題点を指摘してまともな主張として成立するように整えてあげても、それがあたかも裁判官の義務であるかのように当然のことと受け止め、それでいて敗訴すると控訴審における準備書面ではぼろくそに人格攻撃的なことまで書いてくる、たとえばそうしたたぐいのことだ（依存性の高い人間には、容易に、こうした感情の反転が起こる）。

そして、残念ながら、良識派の裁判官たちほどそうした被害を被りやすい。これは、良心的な医師ほど医療制度欠陥のしわ寄せをもろにかぶるのが多いのと全く同じことである（その結果医師をやめてしまう人も結構多いと聞く）。

良識派の裁判官たちは、本当に孤立無援である。一生懸命よい判決を書いても、特別な事件でない限り何の反応もない。勝訴当事者はあるいは感謝しているのかもしれないが、その笑顔を見る機会もない。マスメディアは大きな事件や面白い判決しか取り上げないし、その取り上げ方も型通りで、深い掘下げなどおよそ望めない。学者の判例研究もいろいろで、判決の本質が全然読めていないもの、先のような報道と同レヴェルのものも多い（これは、ロークラーク等の経験のない日本の法学者のかなりの部分が、実務や判例のダイナミズムについてほとんど知らない、わからないことによるところが大きい）。

そして、挙げ句の果てには、上級審においていい加減な、あるいは、必ずしも正当とは思われない理由で取り消され、破棄される。和解も、誠実に進めて真摯な説得を重ねるよりも、弁護士や当事者に適当に取り入って安直に成立させるほうがはるかに楽だし、そのような裁判官の戦略に簡単に乗ってしまう弁護士もそこそこ存在するのだ。

だから、私は、本当をいえば、役人裁判官になって官僚の作文のような判決ばかり書いている裁判官たちの内心や内面だって、全く理解できないわけではない。彼らだけに罪を着せるのは酷だという部分も、確かに存在する。

漫画『家栽の人』（『絶望』一五七頁以下）を読めばわかるとおり、日本の裁判官は、個人では到底背負えないような役割を背負うことを期待されている。日本の裁判官に法律が与えている裁量は実際には非常に大きいが、それは、裏を返せば、法律がその実質的な内容を十分に突き詰め、掘り下げないまま裁判官の裁量にゆだねている、言葉を換えれば、本来なら立法の過程で十分に分析、検討して基準やメルクマールを示しておくべき事柄を裁判官に押し付けて事足れりとしている、そのような側面もまた大きいということだ。

ところで、私の学者転身については、本当はまだ裁判官に未練があった（ある）のではないかという見方もあるようだが、全く当たっていない。私は、国公立、私立といくつかあった転身の話の中から、諸般の事情、ことに研究や執筆の自由さを考え、比較的在野の気風が強くムラ的拘束の小さい今の大学を選択して転身したが、この選択は、転身という意味でも、より在野の気風が強くその意味での自由度が高い大学を選択したという意味でも、おそらく正しかったのではないかと考えている。私は、すでに一生分以上の自己規制をしてきたと思っていたので、転身の際には、今後は一切それをするまいと決心していたのである。それに、何よりも、私は、この日本という国で、あの恐ろしい官僚機構の中で、もう一度裁判官をやりたいなどという気持ちは、さらさらない。

考えてもみていただきたいが、旧ソ連や昔の中国から自由主義社会に亡命してきた知識人が、「こっちのピロシキはまずい」とか、「中華料理が偽物《にせもの》だ」などといった不平を漏らすだろうか？　裁判所における私の最後の七、八年間の生活は、精神的にみれば、全体主義的共産主義国家にあって亡命の機会を待っている知識人のそれに近いものだったのだ。

もちろん、裁判官の経験から私が学んだことは多い。元々社会・人文科学や芸術、批評に深い関心をもっていたから、平均的な裁判官とはかなり異なった眼で、人間と制度の双方、また司法のダイナミズムを長い間リアルに見詰められたし、書いてきた書物についても、やはり、そのような体験に基づくところが大きい。

最初から学者になっていたら、法学者の言葉（ターム、ターミノロジー）にはより通じたに違いないが、理論をも制度をも、今ほど醒めた眼で突き放して客観的に分析することはできなかっただろう。その利害得失についていえば、裁判官を務めながら研究を続け、裁判官と学者の双方を経験したことによるメリットのほうが、相当に大きいと思う。

また、裁判官から学者への転身時にも、長い間狭い籠《かご》の中に閉じ込められていた野鳥が解き放たれたときのような鮮烈な解放感とともに、自分の人生におけるある重要な局面が今確かに閉じられたという感懐をも覚えたのは事実である。

しかし、その一方、学者への転身後も半年以上、私が裁判所の悪夢に悩まされ続けたこともまた事実なのである（『絶望』二〇五頁）。現在の私は、研究、教育に専念する専任教授である。また、弁護士登録もしていない。これには、もちろん、大学に籍を置いている間は研究、教育、執筆に専念したい、その間は実務とは距離を取りたいという理由が大きいが、正直にいえば、当分は「裁判所」という名前の付いた建物の構内に足を踏み入れたくないという気持ちも強いのだ。日本の裁判所、裁判官（正確にはその多数派）に対する私の絶望は、少なくともその程度には深いのである。

以下の私の提言は、右のような私の経験を踏まえ、裁判官も一人の人間であるという当たり前のことを人々にぜひ認識していただきたい、また、心ある市民、弁護士と心ある裁判官とがさまざまな形で結び付いていってほしいという気持ちから書かれたものと御理解いただきたい。

司法が変われば社会が変わる

司法というセクションは、日本人にはなじみが薄い。近代市民社会、近代民主主義国家の根幹は実は近代法なのだが、日本の場合、富国強兵のための行政機構のほうが当面ははるかに重要だったこともあり、法については、わずかなお雇い外国人とヨーロッパに送ったわずかな秀才たち（なお、彼らは、近年の優等生たちとは異なり、ものすごくよく「できた」。明治日本の底力である）とに任せて、大急ぎで作ってしまったからであろう。

司法はそれほど重要なセクターではないというのが一般市民の共通認識であり、だから、司法における問題も、コップの中の嵐であって国民生活にはさしたる関係がないという目でみられやすい。

しかし、この認識は誤っている。たとえば一票の価値に関する判例のもちうる意味だけを考えてもそのことは明らかだ。司法は、そうしようと思えば「一人一票の原則」を実現することができ、もしもそれが実現すれば、国会の勢力地図はがらりと変わってしまう。現在の国会においては、最新の比例代表における得票率が三三・一%にすぎない自民党議員の割合が衆議院で六一・三%、参議院で四七・五%を占めるといういびつな状況になっており、これが多数派の横暴を許しているが、「一人一票の原則」が実現すれば、さらに、得票率と獲得議席数の乖離が大きい選挙区制度（小選挙区制）が改善されれば、各政党は、おおむねその得票率に比例した議席を獲得できるようになるだろう。それだけで、どれほど日本の政治が活性化され、まともなものになることか、その影響ははかりしれない。

司法が本来の機能を果たせばほかにもきわめて重要な変化が社会に起こりうることは、この書物に記してきたいくつかの訴訟類型について考えてみるだけでも一目瞭然だろう。冤罪に苦しむ人々もなくなるし、政治と行政の腐敗は正されるし、危険性の高い原子力発電所の設置や稼働もできなくなる。空港周辺に住む人々が四六時中騒音に悩まされることもなくなる。

そして、だからこそ、国会、政府、行政、財界の各中核部分は、司法を抑え込み、飼い慣らしておくことにやっきになっている。だからこそ、彼らの意を受けた最高裁長官、裁判官出身の最高裁判事たち、そして、事務総長と最高裁判所事務総局は、裁判官たちの支配、統制にやっきになっている。だからこそ、裁判官たちは、精神的な収容所群島の囚人におとしめられ、しかも、自分たちの置かれている状況も認識できないほどにその視野を狭められている。彼らは、まさに、精神的な「檻」(『絶望』一一〇頁以下)の中に囲い込まれているのだ。

裁判所と裁判官の問題は、彼らだけの問題ではなく、判決や裁判所における和解等々を通じて、国民、市民の生活と人権に深く関わっている。また、地裁だけでなく、家裁や簡裁まで含めれば、さらに、裁判員裁判のことをも考えるならば、一生の間に何らかの形で裁判所と直接の関わりをもつ人々の数も、相当に多いのである。

「司法は重要ではない」という人々の認識は、要するに、日本の裁判所が「大きな正義」に積極的に関わり、司法のあるべき姿を人々に示したことが、わずかにしかないことによる。また、まれにそれが示されるようにみえても、それが裁判所全体の既定の方針になってからのことであったり世論に迎合してのことであったりで、大勢に追随した結果であることが多く、個々の裁判官が本当に法の精神とみずからの良心に従ってそうした場合はさらにわずかであることによる。

要するに、人々は、司法がその本来のあるべき力を十分に発揮する様を、まだ、本当の意味では一度もみたことがないのであり（『絶望』一六四頁）、そして、みたことがないものを想像することは非常に難しい。しかし、それを想像してみる勇気と努力が必要なのである。

以上とは逆のこともまたいえる。司法全体がこのまま決定的に悪くなってゆけば、その影響はやはりはかりしれない。国民、市民の権利と自由を守るべき最も重要なセクターが丸ごと失われてしまうことになるからだ。実際、本章の末尾に記すとおり、現在の司法は、かなり危険な水域に入りつつある。このままそれを放っておけば、取り返しのつかないことになりかねない。

行政機構は、全体としてみるときわめて巨大であり、政治の世界や経済界と密接に結び付いているから、その抜本的改革は容易ではない。たとえていえばゴジラの死骸のようなものであり、どこから手を付けていいかもわからないし、どこを切っても放射能が噴き出してくる。それに比べれば、司法は、マンモスの死骸程度だから、まだ何とかなる。しかも、抜本的改革の効果は、行政機構のそれに十分匹敵しうるのだ。これほど効率のよい国家機構の改革は、ほかにはない。そのことをよく考えてみていただきたい。

客観的な批判にはきわめて弱い裁判所

裁判所という権力がほかの権力と異なるところは、それが、かなりの程度に「権威」を背景にして成り立っていることだ。つまり、裁判所は、清く正しくあってこそ、正当性を有しているのであり、人々を従わせることができる。腐敗した裁判所の権威など誰も認めないだろうし、そのような裁判所の判断には誰も従わないだろう。

前章で触れたとおり、裁判所が、みずからに関する情報にきわめて敏感であり、可能な限りそれをコントロールしようとするし、それが難しい場合には頬被りを決め込む態度を徹底するのは、おそらく、右のことが原因である。

だからこそ、国民、市民は、司法、裁判、法律にもっと興味をもち、司法制度を、虚心に、客観的に、また、主体的に見詰める眼を養う必要がある。これまでの裁判所批判は、左翼系の人々が中心になっていたこともあって、イデオロギー的な要素が強かった。数ある裁判所の問題の中でブルーパージだけが強調される傾向が強かったことは、その一つの現れである。

しかし、今日、何事もまずイデオロギーによって判断し（「側《がわ》」の論理、「奴らか俺たちか《ゼム・オア・アス》」の論理、「味方でない者は敵」の論理、「まずはレッテル貼り」の論理）、そして、自分とそのイデオロギーを正当化するために、気に入らない者を批判、非難する、そうした「正義派」のやり方や言葉は、もはや行き詰まっており、その方向では、本当の変化は起こらないことが明白になりつつある。

もちろん、左派、左翼系の人々が皆そのような人間であるなどというつもりはない。しかし、残念ながら、あとがきでも触れるとおり、イデオロギー的な正義派に右のような傾向が存在することは否定しにくい。これは、左翼でも右翼でも変わりがない。

おそらく、本当の改革は、アメリカに長い伝統のある草の根民主主義的な人々の動きや力が広がることによって、初めて可能になるだろう。そのためには、新約聖書の言葉を借りれば、「蛇のごとくさとく、鳩のごとく素直に」（マタイによる福音書第一〇章第一六節）、人々が、自分の眼で、制度の現状と問題を見据えることがまず第一に必要である（なお、私は、クリスチャンではないが、新約聖書、ことにその中核を成す四福音書は若いころに何度も読んでおり、知恵に満ちた、深い書物だと思っている）。

サン゠テグジュペリの『星の王子さま』の最初のほうで、王子さまが、「バオバブの木」についてこんなふうに語る。

「大きくならないうちに抜いておかないと、小さな星なら破裂させてしまうよ。最初はバラにそっくりだから、よく気を付けてね」

テグジュペリがここでファシズムを寓意していることは明らかだ。しかし、すぐれた表現は意図された寓意を超えてしまうのが、文学のすごいところであり、小さな王子の言葉は、ファシズムにとどまらない広がりをもっている。

つまり、権力というものは、放っておけば必ず腐敗するということだ。その芽は、常に、小さなところから始まる。これも近代民主主義社会の常識であり、権力が腐敗しないように常に監視を怠らないことは、ジャーナリズムはもちろんだが、市民の義務でもあるのだ。まずは、「権力のほうでちゃんとしてくれるのが当たり前」という考え方、感じ方を改める必要がある。ことに、日本の裁判所のような閉じられたヒエラルキー構造の組織は、いったん腐敗が始まると、それをとどめる対抗勢力が何もないから、たちまちのうちにそれが進行してゆく。

あなたの星のバオバブの木は、もう、かなりの程度に根を張り、枝を広げている。そして、どうやら、司法における腐敗、退廃は、実際には、政治や行政、経済界の腐敗、退廃と手を携えて進んでいる可能性が高い。そのことをよくよく認識すべき時期がきている。

そして、おそらく、三権に財界を加えた四つの権力のうちで最も変えてゆきやすいのは、司法である。司法は、前記のとおり、客観的な批判にはきわめて弱い組織だからだ。また、前記のとおり、司法は、たった一つの裁判で日本という国家、社会のあり方に大きな影響を与えうる潜在的な力を秘めたセクションであることをも考えるべきだろう。

たとえば、この章の後のほうでも触れる最高裁判所裁判官国民審査がある。国民審査において、裁判官出身の裁判官氏名に付けられたバツ（罷免を可とする票）の比率が弁護士等他分野出身の裁判官たちのそれの二倍になったとしよう。そのような状況で、次の最高裁長官を裁判官出身者から選出することができるだろうか？　おそらく、きわめて難しいはずである。もちろん、マスメディアが先の事実とその意味についてきちんとした報道を行うことがその前提だが。

ちなみに、アメリカでは、州裁判官の全員に関する弁護士たちの事細かなアンケート調査の結果が一般の新聞に掲載される。現在であれば、おそらく、インターネット上にも公開されているだろう。このアンケートは、項目が詳細なこと、多数の弁護士が行うこと、アンケートに臨む弁護士たちの姿勢が客観的であることから、非常に信頼性の高いものとなっている。

こうしたアンケートについては、司法制度改革の際にも提案されたのだが、裁判所によってつぶされてしまった。しかし、弁護士、弁護士会は、ぜひともこれを行うべきだ。三

○年以上前のアメリカの弁護士にできていたことが、現在の日本の弁護士にできないわけはないだろう。弁護士たちの腰が重いなら、国民、市民の世論でそれを実現させる必要がある。弁護士、弁護士会は、裁判所以上に、市民の客観的な批判や提言には敏感なはずだ。

もしもこうしたアンケートが実施され、その結果が公表されれば、たとえば、果敢な裁判を行った裁判官を左遷したり、組織の方針に合わない裁判官を再任拒否したり、エゴイストの司法官僚やイエスマンばかりを取り立てたりすることは、現在よりは相当に難しくなるだろう。

この点については、果敢な判断を求められている良識派の裁判官たちのその法廷における思いを想像して、記しておきたい。おそらくは、次のようなものであるはずだ。

「なるほど、原告らの言い分は理解できる。私も、できれば原告らの期待に応えたい。心からそう思う。

しかし、私がそのような判断を下してから一○年後、私がどこともしれない遠方の裁判所を転々と異動させられ、家族とも引き離されているとしたら、あるいは、ひょっとして再任拒否されることになっていたら、あなた方のうちの誰かが『それは不当である！　そんなことは許さない！』と声を上げてくれるのだろうか？　また、後に続く誰かが、私の骨を拾ってくれるのだろうか？」

勇気ある行為は一瞬のことだが、彼あるいは彼女の人生はその後もずっと続くのだ。先のような訴訟の原告たち、弁護士たち、支援者たち、あるいはそれに興味をもつ一般市民、そして各種のメディアが、最低限このことを認識し、また、右のような裁判官の思いを汲み取る覚悟を示さなければ、現在の制度の下における日本の裁判の内容が目にみえてよくなることは、期待できないだろう。それが、「裁判官もまた生身の人間である」という言葉の一つの意味である。

なお、今後も民事新受件数が減少し続け、あるいは増加しない場合には、そのことだけで現在のシステムの正当性が疑われることに間違いはないのだから、その推移には、メディアはもちろん、国民、市民も注目し続け、その原因を厳しく究明、指摘してゆく必要がある。

司法健全化のためにあなたができること

司法健全化のためにあなたができることは、ほかにもたくさんある。

たとえば、近年多数の人々が行っている裁判ウォッチングにしても、ただ面白そうな法廷を探して傍聴するというだけでなく、グループを作り、法科大学院や法学部出身者、関係者のつてを頼って法律専門家にアドヴァイザーになってもらい、系統的に傍聴を行って、その結果をインターネット上に公開すれば、裁判監視として、はるかに大きな意味をもつようになる。そうしたグループがいくつも集まって共通のサイトを立ち上げれば、裁判所は、それを無視することはできないだろう。

私自身には残念ながらその余裕がないが、弁護士はもちろん、法科大学院や法学部の教授にも、そうした活動に関わることに興味をもつ人は必ず存在すると思う。

裁判員制度も重要だ。六人の裁判員のうち数人が曇りのない眼で事案を検討した上で、無罪を強く主張するならば、刑事系の裁判官たちも、その意見は尊重せざるをえないはずだ。少なくとも、頭ごなしにあなたを押さえ付けることなどできないはずである。刑事系の裁判官トップは、みずからの利益のために裁判員制度を利用した（『絶望』六六頁以下）が、そのことによって、国民、市民に対し大きな負債を負ったというやましさは、刑事系裁判官たちも抱いている。つまり、裁判員裁判であなたが堂々と自分の意見を主張すれば、裁判官たちはそれを無視できない。

ことに、恵庭ＯＬ殺人事件のように情況証拠しか存在しないような事件については、また、社会の注目を集めている大きな事件については、裁判官たちに有罪の方向へ誘導されないよう十分に気を付け、新たな冤罪を生み出さないようにしてほしい。アメリカの刑事裁判では、裁判官は、陪審員に対し、推定無罪の原則に従いその方向での説明を行うが、日本の裁判員裁判における、懲役刑で担保された広範な守秘義務によって閉ざされた密室協議では、逆の方向での説明や説得が行われる可能性があることにも注意してほしい。また、裁判員制度の改善に裁判所が抵抗し続ける場合には、陪審制の実現に向けた世論の大きなうねりを作り出す必要がある。

これまでの裁判所、ことに二〇〇〇年前後以降の裁判所は、司法に対する人々の無知をよいことに、数々の不正行為を行ってきた（『絶望』や本書の記述を前提にすれば、「不正行為」という言葉は必ずしも誇張とはいえないだろう）。しかし、国民、市民は、司法に監視の目を光らせることによって、それをやめさせることができるし、また、そうすべきなのである。それは、日本社会をもっとよいものにしてゆくための、重要な第一歩になることだろう。

マスメディアのあり方とそれに関して注意すべき事柄

日本の司法をめぐる状況で最も憂慮すべき事柄の一つが、メディア、ことに全国紙等のマスメディアのあり方だ。

「現在のマスメディアは、報道責任を十分に果たしているのだろうか？」という問いかけは、私のみならず、多数の学者良識派の意見としても、よく耳にする。ことに、「司法制度改革後、日本のマスメディアは、国民、市民の『知る権利』に奉仕し、その代理人となって司法を厳しく監視、批判し続けるという役割を半ば放棄してしまったのではないか？」という意見は強い。これは、非常に大きな問題である。

そのことにはいくつかの理由が考えられる。

第一は、権力によるメディアコントロール、ないしはメディアにおける自主規制の問題である。大きなメディアほど体制、権力批判の視点が弱くなり、むしろ、それを補完し、その一セクション、広報部門ないしは後記のとおりその下請けと化する傾向が強くなっているが、司法については、ことのほかその傾向が顕著である。

今日では、司法をも含めた権力批判の報道を積極的に行っているのは、もっぱら、周辺系、独立系、出版社系のメディア（各種雑誌、インターネット媒体、フリーランスのジャーナリストによる書物等）であり、ラジオであり、また、新聞やテレビでも、全国紙やキー局よりは、地方に拠点をもつ大新聞、あるいはケーブルテレビやローカル局のほうがより自由なように見受けられる。

ことに、全国紙については、良心的な記者たちほど記事が書きにくくなっている印象がある。何となく、裁判所に似てきているのである。つまり、記者たちもまた「檻」の中にいるのであり、ただ、その「檻」が裁判官の場合よりはいくらか広いという違いがあるだけなのではないだろうか？　民主国家において権力のチェックを行う役割を期待されているのは司法とジャーナリズムであるが、日本ではそのいずれもが十分に機能していないのではないだろうか？

第二は、司法報道に携わる記者たちの資質と心構えの問題である。学者転身後、裁判等に関するコメントや知識提供を求められる体験を通じて再認識したのは、記者たちの多くが、法律、裁判、司法についてほとんど何も知らないということだった。日本の記者たちが基本的にスペシャリストではなくジェネラリストであって専門知識に乏しいのはジャーナリズムの世界の常識だが、しかし、それにしても、その程度がはなはだしい。

その結果、裁判所から受け取る裁判の要旨、骨子だけでは記事が書けず、裁判所側のレクチャーを受けなければならない記者が増えているといわれる。しかし、そのような力関係の下では、本当に適切な裁判報道、客観的な司法批判など、できるわけがない。

『絶望』や本書で引用した書物のいくつかは記者によって書かれており、いずれもすぐれたルポルタージュないし分析書だが、それらはかなり以前のものばかりである。そして、近年の現役記者の書物には、司法の分野に限らず、引用に値するものは少ない。インパクトのある書物の多くは、安定した収入と取材の際のメリット（マスメディア所属記者という肩書のメリット）を捨てて新聞社等を退職した人々によって書かれているのだ（本書では触れられなかったが、死刑をテーマに秀作を書き続けている堀川惠子氏もその一人で、広島テレビを退職してフリーのディレクターとなっている）。本書で引用した現役記者の書物は、司法関係では、第3章の清水書だけであり、また、清水記者は、雑誌「フォーカス」出身で現在は日本テレビに籍を置く。つまり、大新聞の人ではない。彼の熱烈な記者魂も、おそらくはこうした経歴に由来する（なお、司法以外の分野では、第4章2の原発訴訟の部分で引用した大鹿書が、現役記者の手になるものだ）。

のみならず、意図してかどうかはわからないが（意図してであるとは考えたくないが）、事務総局広報課の協力を得ることによって、あたかも広報課の下請けとして書かれたかのような記述や内容を含む記事、書物まで現れている有様なのである。また、司法記者の中には、裁判所幹部との「交友」を自慢するような人々もおり、それが新聞社内における彼らのステイタスの一根拠にもなっているという話も聞くが、もし本当であるとすれば、嘆かわしいことというほかない。

国民、市民も、報道全般についていえることだが、ことにマスメディアの司法報道については、以上のような事実を踏まえてそれに接する必要がある。つまり、まかり間違っても、書いてあることをそのまま額面どおりに受け取るべきではなく、批判的に読んでゆく必要がある。最高裁の判決、あるいは判決一般について、私がこの書物に記したような分析をメディアが行った例を、あなたは、どれほど思い出せるだろうか？

そして、そのようにマスメディアが報道責任を果たしていないからこそ、司法記者ならかなりの程度にアクセスの可能なはずの事実を相当に含んだ『絶望』の内容に、人々が大きな衝撃を受けるということにもなるのだ。最高裁判事等の就任の際に必ず書かれる、型通りの「庶民性」を強調した提灯記事も、欧米の新聞には見ることのできないものであり、はっきりいって、読者を愚弄するものだと思う。その人のキャリア、能力、背景、思想的傾向等についての情報を正確に伝えるのが、当たり前の「民主主義国家標準」であろう。

メディア、ことにマスメディアの記者の方々にも、衷心《ちゅうしん》から御忠告申し上げたい。権力を疑い、批判する心を、市民の代理人としてその「知る権利」に奉仕し、「報道責任」を果たすというメディア本来の役割を、そして、ジャーナリズム、ジャーナリストの本来あるべき気概を、あまりにも忘れてしまってはいないかと。また、裁判所という組織のあり方に、あまりにも警戒心がなさすぎないかと。

たとえば最高裁判事に面会するには、私が東京地裁の裁判長当時に知っている方に会う場合であっても、かなり面倒な手順を踏まなければならなかった。そのように、事務総局は、最高裁判事たちを厳重に囲い込んでいるのだ。ましてや、記者が事務総局広報課を通じて最高裁判事にインタヴューの申込みをするような場合には、広報課はその結果としての記事が裁判所当局にとって得になるようなものでない限り、およそ許可するわけがないのである。

なぜなら、広報課長は秘書課長の兼務であり、秘書課長は最高裁長官と事務総長の直属の部下だからである。記事がどのようなものになるかは、火を見るよりも明らかであろう。せめて、それくらいのことは、最低限理解しておいていただきたい。

旧ソ連の作曲家ショスタコーヴィチがその告白（S・ヴォルコフ編『ショスタコーヴィチの証言』〔中公文庫〕）において、スターリンと並んで最も憎んでいるのは、ソ連の高官ではない。ソ連共産主義のシンパサイザーであり、したがって、強制収容所の実態等について耳を貸さず、あまつさえソ連を定期的に訪れてはそれを礼賛する書物や記事を書いていたヨーロッパの親ソ派知識人たちである。ショスタコーヴィチの彼らに対する恨み、憎しみ、軽蔑の念の深さには、すさまじいものがある。

マスメディアは、こうした過去のヨーロッパの知識人たちに等しい役割を、良識派の裁判官たちに対して、また、国民、市民に対して、果たしてはいないだろうか？　そのことを、ぜひとも、じっくりとお考えいただきたいのである。

なお、アメリカでは、法廷にテレビカメラが入る（日本の場合は開廷前の短時間のみ）し、裁判官や検察官に対する判決等についてのインタヴューも一般的に行われている。興味本位の報道は問題であるかもしれないが、裁判が社会において果たしている重要な役割とこれに対する市民の監視や評価の必要性という観点からは、学ぶべきところがあるのではないだろうか？　メディアは、こうした方向についても積極的に検討し、社会や政治に訴えてゆくべきではないかと考える（なお、日本のマスメディアが抱える問題をインサイダー〔元朝日新聞記者〕の視点をもまじえつつ具体的に論じた書物に、烏賀陽弘道『報道の脳死』〔新潮新書〕がある）。

法曹一元制度の提言という苦渋の選択

私が『絶望』（二二二頁以下）で提言したキャリアシステムから法曹一元制度への移行、法曹一元制度の実現については、日本では実現の可能性に乏しい、弁護士の質の劣化が叫ばれている状況で有効な手段とはなりえないのでないか、などの意見もある。

もちろん、そのような意見が出るだろうことは、私も重々承知していた。そして、私も、そのような意見にも一理あるとは考える。しかし、一方、まず実現可能性の有無というところから判断して思考放棄してしまうのは、やはり適切ではないようにも思う。「やっぱりキャリアシステムでなければ」という意見は、ある意味で、「やっぱり自民党でなければ」という意見とよく似ている。

しかし、民主党の退潮は、結局のところ民主党が寄せ集め集団であって人々が彼らに期待していた役割を果たせなかったことによるものであり、そうした人々の期待それ自体はきわめてまっとうなものだったのではないかと私は考える。もしも、「真の自由主義政党」と呼ぶにふさわしい政党が初めて日本にも現れ、同時に一人一票の原則が実現するならば、日本の政治は格段によくなるはずだし、それは、決して不可能なことではないはずだ。

ましで、司法の場合には、弁護士という受け皿があり、それは、司法の担い手たりうる、そしてそれをめざすべき集団ではないかとも考える。

『絶望』が生まれるきっかけとなった『民事訴訟の本質と諸相』（第1章でも触れた）では、私は、厳しい弁護士批判をも行い、その上で、やはり法曹一元制度をめざし、その基盤作りに着手すべきではないかと書いている。

これは、裁判官でも、弁護士でも、あるいは学者、ジャーナリスト、医師等ほかの専門職でも同じことなのだが、その中で本当にすぐれた部分の割合は、職種によってある程度の差はあるものの、それほど大きいわけではない。

そして、その部分を比べるとき、裁判官については、もはや良識的、自覚的な、独立した裁判官と呼べるような人々の層はかなり薄くなってきており、また、現在の官僚機構の中では、残念ながら、絶対上にはゆけない。したがって、改革の力にはなりえない。前記のとおり、何とか孤塁を守るのが精一杯という状況であろう。

一方、弁護士については、上から下までの落差が大きいのはもちろんどこの国でも同じである。しかし、私の知る限り、その中の上層部、少なくとも四分の一程度は、人権感覚にすぐれ、能力、謙虚さもあり、視野も広い人が比較的多いと思う（なお、法的・知的能力、広い視野、鋭敏な人権感覚、そして謙虚さは、私がよき法律家の条件として考える四つの事柄である）。

また、弁護士全体の中で多数を占める中堅ないし若手弁護士の中には、弁護士会、裁判所、司法の現状に疑問を抱き、抜本的な改革が必要であると考えている人々がかなりの数存在する。

だから、弁護士の中の本当にすぐれた部分が裁判官になるなら、全体として今よりもよい裁判が行われるし、その質も落ちたりはしない、そのことは、私は、かなり自信をもっていえる。たとえ老練の弁護士に裁判官転身希望者が多くないとしても、三〇代後半から五〇代前半の世代に、裁判官に適した人は十分見付けられるはずだ。アメリカでも、裁判官の年齢層は、四〇歳前後以上の世代に広範に広がっており、州地裁ではむしろ若手に優秀な人が多かった。要は選出方法の適正さの問題である。

『絶望』（二〇六頁以下）にも記したとおり、良識派の元裁判官には、弁護士を務めている人を含め、そういう考えの人々は、実は、結構多い。つまり、元裁判官だからこそ、現在の問題の大きさがよくわかるのだ。元良識派裁判官たちは、現在の裁判所や裁判官に対する幻想をほとんどもっていないからである。

ただ、それでは、現在の弁護士全体、弁護士会全体が以上のような状況に十分自覚的であるかといえば、答えは否かもしれない。だからこそ、『民事訴訟の本質と諸相』（二四一頁）では、私は、法曹一元制度の実現につき、「弁護士全体、弁護士会全体が本気になって取り組めば」という留保を付している。

以上のとおり、私の法曹一元制度提言は、一つの苦渋の選択なのであって、決して楽観論ではない。

日弁連（日本弁護士連合会）は、その中心的な政策、方針について何度も意見を変えてきている。これは、日弁連の歴史が広い意味でのイデオロギーの歴史であったことに大きな原因がある。また、最もすぐれた弁護士層の多くが日弁連の運営に携わることに必ずしも強い興味や関心を抱かなかったことにも原因がある。正義を提言する組織という側面と利益団体、圧力団体という側面とのきちんとした整理統合ができていないことにも原因がある。

日弁連は、まず、その組織のあり方を見直し、当事者能力を確固としたものにして、国民、市民、司法制度利用者の視点を第一にした方針を確立する必要があるだろう。利益団体としての側面をなくすことはできないとしても、それを客観化することが必要である。なお、各県等の単位弁護士会の姿勢はさまざまであり、日弁連には、その連合会としてそれらをまとめてゆかなければならないという負担、制約もある。しかし、この点は、一枚岩にならないという意味で、弁護士会という組織の長所でもある。

なお、日弁連については、弁護士による批判的分析として、たとえば、小林正啓《まさひろ》『こんな日弁連に誰がした？』〔平凡社新書〕がある。その論旨には種々異論がありうると思うし、私自身も疑問を感じる部分はある。しかし、こうした議論自体は有意義であり、どんどん行われるべきであろう。

いずれにせよ、弁護士、弁護士会に対する厳しい見方は、書物や報道にはあまり現れないが、草の根レヴェルではかなり根強い。民事新受件数が増えないどころか減少し、はやっていない弁護士の生活が苦しくなってきている理由は、おそらく、弁護士にもある。そのことはよく認識していただきたい。おそらく、そうした見方、感じ方を背景として、「やっぱりキャリアシステムでなければ」という言葉も出てくると思われるからだ。

なお、弁護士数激増にもかかわらず、地裁民事訴訟における本人訴訟率、つまり、当事者が弁護士に依頼せずみずから訴訟を行う割合が近年高くなってきていることにも注意すべきであろう（第5章のスラップ訴訟の項目で引用した新堂書一八五頁の統計表参照）。

以上のような事柄をきちんと自覚し、弁護士全体のあり方を改善してゆかないと、やがて、弁護士、弁護士会は、キャリアシステムと「共倒れ」になる危険性があると思う。そのことは強く指摘しておきたい。

一方、良識派でかつ十分な収入を得ている弁護士たちの、現時点における共通の内心の声は、おそらく、次のようなものであろう。

「確かに事務総局には問題が大きく、裁判官の劣化も否定しにくいようだ。しかし、法曹一元制度といわれても、実現はなかなか難しいし、自分も、法曹一元制度が実現する場合には、経済的なメリットや身軽な自由さをなげうって裁判官に転職し、その基盤を築こうというほどの覚悟はまだない。ああ……。何とか現在の制度がもってくれるといいんだけどなあ……」

しかし、そのような希望的観測にすがって裁判所、裁判官の惨状に目をつぶるのは、危険なことなのではないだろうか？

最高裁判所という「黒い巨塔」の背後に広がる深い闇

第7章の末尾で最高裁判所のコンプライアンス無視の姿勢について書いたが、最高裁がそのような姿勢を示したのは、実は、決して初めてではない。たとえば、裁判所内部の権力闘争に利用された部分の大きい（『絶望』六六頁以下）裁判員制度の広報キャンペーンに関しても、最高裁は、数々のコンプライアンス違反を行っていたのである（以下の記述は、引用した国会会議録、第3章でも触れた魚住昭『官僚とメディア』の第八章、保坂展人《のぶと》氏〔元衆議院議員、現世田谷区長〕のブログおよび「裁判員制度に係る広報業務の実施状況について」と題する会計検査院の報告書による）。

第一に、最高裁は、裁判員制度広報業務をめぐって、二〇〇五、〇六年度の二年間に、企画競争方式の随意契約を結んだ一四件のすべてについて、事業開始後（後記のとおり一部については事業終了後）に契約書を作成するという不適切な会計処理を行っていた。右の契約総額は、二一億五八九九万余円という巨額である。

その程度のことは世間一般によくあることではないかと考える読者もいると思うので、右の会計処理の問題点について記しておく。

国の行う私法上の契約は、税金で支払われるものだから、高い透明性が必要であり、会計上のさまざまな問題が生じないよう厳正に行われなければならない。「国が競争入札の方法によって契約を締結する場合にも、契約が成立するのは落札の時ではなく契約書作成の時である」という最高裁判例（一九六〇年〔昭和三五年〕五月二四日、島保裁判長）も存在する。つまり、公正な競争による落札があっても契約書が作成されるまではなお契約は存在しない、というのがこの判例の趣旨である。そして、この判例を受けて改正された会計法二九条の八は、「契約担当官は契約の相手方決定後契約書を作成しなければならず、契約書作成までは当該契約は確定しない」旨明確に定めている。

したがって、国の行う契約において、事業開始後に契約書を作成する、いいかえれば、契約書が存在しないままなあなあで事業を行わせることは禁止されている（なお、契約金額少額の場合には例外がある）。

それでは、最高裁が行った前記の各契約の実態はどのようなものであったか？

たとえば、二〇〇五年一〇月から各地で開催された「裁判員制度全国フォーラム（裁判員制度に関して全国各地で行われたタウンミーティング、すなわち、有識者と市民の対話型集会。以下「タウンミーティング」という）」に関する電通との約三億四〇〇〇万円のイヴェント請負契約についてみると、契約書記載の日付は二〇〇五年九月三〇日で、最初のタウンミーティング開催日の何と前日であるが、電通の企画が最優秀として選定されたのはその三か月以上前の同年六月一三日だったのである。さらに、後の調査によれば、実際に二〇〇五年度のタウンミーティングに関する契約書が作成されたのは、前記の九月三〇日ですらなく、同年一二月ないし二〇〇六年一月であったことが判明している。

国会における保坂衆議院議員の追及に、小池裕《ひろし》経理局長は、前任者（大谷剛彦《たけひこ》氏）当時のことではあるが、「先ほど申し上げましたような事情で、契約の、今御指摘のような会計上の処理というものがおくれた可能性が高いということでございます」と事実関係を基本的に認めた。なお、小池氏は二〇〇六年一月三〇日から二〇一〇年七月六日まで経理局長であった。竹﨑長官と関係が深かったと第7章で述べた現小池裕東京高裁長官まさにその人である。また、大谷氏は二〇〇二年七月一〇日から二〇〇六年一月二九日まで経理局長であった。現在は最高裁判事である。刑事系で、やはり竹﨑長官と関係が深かった。

また、小池局長は、契約書が実際に作成された時点についても「これは九月三十日よりも後にその契約書面をつくった可能性が高い、こういうふうに、これも私、その当時はまだ前任者（大谷氏）がやっておりましたのであれですけれども、そうとらえております」と、前記のとおり、契約書に記載されている日付（二〇〇五年九月三〇日）よりもさらに遅いことを認めた（以上二〇〇七年二月一四日衆議院予算委員会）。

また、二〇〇六年一〇月二四日以降に人気女優を起用した全面広告が各全国紙に出ることから始まった総額約六億円の各種メディア関係企画の契約についても、そのわずか四日前の同年一〇月二〇日に契約書が作成されており、これに関しては、関与した小池局長自身が、「契約の締結をしたという日より前にそのような行為〔新聞広告準備行為〕を行ったということは、委員御指摘のとおりでございます」と、同様に、契約書作成前に各種の作業を行わせていたことを認めている。

さらに、裁判員制度の広報映画『裁判員』については、国会で質問のあった二〇〇七年二月一九日の時点において、契約書作成未了のまま映画が完成されてしまっていた。のみならず、最高裁のホームページには、未了のはずの契約の日が契約金額とともに記載され、支出負担行為者として小池局長の氏名も記載されていた。これについても、小池局長は、「委員御指摘のとおり、契約書作成ということは、まだ未了でございます」、「御指摘のとおり、このホームページの記載は間違っております」と事実関係を認めた。

信じられないことだが、最高裁は、「契約書も作成しないまま映画を作りました。ホームページにも虚偽の事実が記載されています」と認めているのだ（以上二〇〇七年二月一九日衆議院予算委員会。なお、以上二件の契約の相手方は電通ではない）。

以上のとおり、最高裁は、みずからが判決を通じてその形成に関わった法をみずから犯していたのである。

第二に、最高裁（小池局長）は、二〇〇五、〇六年度の裁判員制度広報費に存在する合計約三億三〇〇〇万円もの未執行額に関する保坂議員の追及に対して、「予算科目の『目《もく》』の中でほかのものに流用するとともにある程度は返納したが、その詳細を明らかにするには膨大な突き合わせの作業が必要なため、詳細を明らかにすることは困難である」趣旨の、これまた驚くべき答弁を行った。

要するに予算を目的外に流用したということである。これについては、予算の執行において目の中での流用が許されているのは事実だ。

しかし、保坂氏は、そのブログにおいて次のような趣旨の指摘を行っている。

「『裁判員制度広報費』という形で目的別に予算管理を行っていればその流用等の詳細が明らかにできないはずはない。流用の詳細を明らかにできないということは、そうした予算管理を行っていないことを意味するが、そのようなことでは予算執行の適切な監視など不可能になるし、一四億円近い二〇〇七年度の裁判員制度広報費予算要求の根拠も崩れ去る」

全くそのとおりであろう。「流用等の詳細は明らかにできない」という答弁はきわめて問題が大きく、無責任きわまりない。

この答弁に対し、保坂議員は、「二〇〇五、〇六年度に合計で約三億三〇〇〇万円も余っているのに、二〇〇七年度予算案ではさらに前年度よりも四〇〇〇万円増額要求しているが、これは現時点ですでに目的外に流用する予定が何かあるんですか？」という趣旨の質問を行っている（二〇〇七年三月二日衆議院予算委員会）。

第三に、前記のような企画競争（コンペティション、コンペ）のあり方や開催自体についても疑義が呈されている例がある。

　すなわち、大谷経理局長時代に実施され、その結果前記のとおり二〇〇五年六月に電通が選定されたとされる二〇〇五年度タウンミーティングのコンペについては、応募した五社（電通を含む）のうち三社の金額が「三億四九六五万円」と全く同一であるなどその不透明さが指摘されている。なお、右コンペの選定責任者は大谷直人刑事局長（任期二〇〇五～〇七年。その後事務総長を経て現任は大阪高裁長官）である。この人も刑事系で、やはり竹﨑長官と関係が深かった。

　魚住書は、このコンペにつき、「『初めに電通ありき』の談合コンペだったのではないかと疑いたくなる」と評し、さらに、コンペに参加したとされている会社の中に企業規模からして全国でタウンミーティングを開催する能力があるとはとても思えない中堅印刷会社が入っていることや同社取材の結果から、「コンペ自体の成立を疑ってもおかしくはない状況だ」とも論じている。

　また、保坂議員も、このコンペは実際には行われていないのではないかという趣旨の質問を行っており（二〇〇七年二月一九日衆議院予算委員会）、さらに、最高裁のホームページに「採用された企画を実施できるのは、これを提案した電通のみであるため、競争を許さない」という、企画競争とは相容れない趣旨の表現がみられることをも指摘している（同月一四日衆議院予算委員会)。

この点については私自身は判断を差し控えるが、興味のある読者の方々は、魚住書や国会会議録に直接当たって考えてみていただきたい。

なお、以上の期間(二〇〇五、〇六年度)における事務総局トップ、すなわち事務総長は、二〇〇六年六月二五日までが竹﨑氏、同月二六日以降が大谷氏である。

いかがであろうか? 以上が、「法の番人」、「憲法の番人」であることになっている最高裁の行った、あるいは広い意味で関係している行為なのである。このずさんさ、ダーティーぶりには、本当に驚くほかない。かつての裁判所は、当然のことながらこうした事柄には敏感であり、以上のような大規模な会計処理上の問題の発生はちょっと考えにくかった。

ことに目を引くのは、契約書作成が事業開始後に行われた事案が一つ、二つではなく、二〇〇五、〇六年度に裁判員制度広報業務に関して企画競争方式の随意契約が結ばれた一四件すべてときわめて多く、単なる過失にとどまらない意図的、組織的な行為の可能性が疑われうること、また、多額の裁判員制度広報費予算流用の詳細も全く明らかにされていないことである。しかも、これらはたまたま保坂議員がそれに気付くことによって発覚した事実にすぎない。背後にはもっと大きな問題がひそんでいる可能性も否定できないであろう。これは、単なる私個人の見解ではなく、複数の有力なジャーナリストたちが口にしていたことである。

最高裁という「黒い巨塔」の背後には、深い闇が広がっている可能性があるのだ。そして、その闇の裾野は、おそらく、下級審の問題裁判や裁判所・裁判官の不祥事の背後に見え隠れしている闇にも、どこかでつながっている。

『絶望』に関する記事、書評やメディア出演等の際の質問で一つ気になったのは、「裁判所は確かに腐っているようだが、それは日本のほかの機構と同じことだから、その意味では特に驚かない」という趣旨の言葉が時々出ていたことだ。

しかし、はたしてそうだろうか？

とくとお考えいただきたいが、裁判所は、前記のとおり、「法の番人」、「憲法の番人」のはずであり、正義を実現し、権力をチェックする機構のはずである。そして、最高裁判所は、制度上最もランクの高い裁判所である。その最高裁が、『絶望』で詳しく論じたような権謀術数に明け暮れ、前記のとおり、通常の行政庁でもちょっと考えられないようなずさんな会計処理、その背後にさらに大きな問題の存在が疑われうるような会計処理を行っているとしたら、国民、市民は、裁判所と、そこで行われている裁判を、どうやって信用すればよいのだろうか？

野党はもちろんだが、司法制度改革を方向付けた自民党の政治家の方々も、現在の裁判所の惨状については目をつぶらず、きちんとこれを見据え、裁判所がこのままでよいのかについてはよくよくお考えいただきたい。

また、国民、市民も、衆議院議員総選挙の際に併せて行われる最高裁判所裁判官国民審査の際には、個々の裁判官の適性を十分に検討した上で審査を行っていただきたい。『絶望』や本書の記述がその一つの参考になれば幸いである。

誰もが知っている宮崎駿《はやお》監督のアニメーション『千と千尋《ちひろ》の神隠し』で、主人公の少女が元の世界に帰ろうとすると、そこにはもう深い闇がひたひたと押し寄せていて、まわりには魑魅魍魎《ちみもうりょう》たちが満ちあふれ始める。

私が近年の裁判所について、また、日本の政治や社会について考えるときによく思い出すのは、この印象的なシーンである。『千と千尋の神隠し』は子どもたちに愛と勇気を与えるために作られた作品であり、千尋は無事両親とともに元の世界への帰還を果たす。しかし、現実は、アニメーションとは異なるのだ。

おそらく、現在の日本も、その国民、市民も、今、千尋が立っていたあの「地点」まであと一歩のところに立っている。今すぐに引き返さなければ、私たちの周囲には、間もなく、深い深い闇が立ち込めてくることだろう。そして、司法というセクションにおいても、その闇は、すでにすぐそこにみえているのだ。

あとがき――宇宙船と竹刀《しない》

はしがきでは『絶望』に対する反響一般について書いたので、ここでは、それに対する批判についても答え、同時に、『絶望』と本書執筆に当たっての私の姿勢も明らかにしておきたい。

『絶望』に対する批判のうち一番目立ったのは、「かつて所属していた組織について、問題はあるにせよ厳しい批判を行うのはどうか」というものである。

この反応については、江戸時代以来の日本人の長い忍従、屈従の歴史、その反映をみることができるようにも思うが、しかし、そういう考え方もありうることまで否定するつもりはない。

しかし、そのような考え方、感じ方については、私は、『絶望』のあとがきに引用したボブ・ディランの言葉（二三三頁）で間接的に答えておいたつもりである。

「つまり我々の誰からも声が上がらなかったら、何も起こらず、〔人々の〕期待を裏切る結果になってしまう。特に問題なのは、権力を持った者の沈黙による『裏切り』。彼らは、何が実際起きているかを見ることとさえ拒否している」という言葉である。

裁判所と裁判官の抱えるさまざまな問題について、重層的、構造的な分析、批判を行うには、裁判官としての経験と学者の視点の双方、また社会科学一般に関する一定の素養も必要だが、そうしたいくつかの条件を満足する人間は、おそらく、私のほかにはあまりいないだろう。そうであるとすれば、「所属していた組織を批判すべきではない」という倫理観と、ディランのいう「知りながら沈黙することによって人々を裏切るべきではない」という倫理観の、どちらを優先すべきかという問題になる。私は、一人の学者として、後者を優先すべきであると考えている。

なお、この点については、判事補時代に学者に転身された方（年齢は私より十数年若い）が事務総局の言論統制、弾圧について記したインターネット上の文章を、御参考までに引用しておこう。表現を若干整えた以外は原文のままである。

「私も、判事補在職中に最高裁秘書課や民事局から、論文の削除、訂正を求められた経験がある。といっても、最高裁を直接批判するようなことを書いたのではない。

最高裁いわく、「『アメリカでは速記官が法廷でのやりとりをすべて記録している』という記述は、最高裁の進める速記官養成廃止の方針に反するから削除せよ」、「『短期賃借権保護は執行妨害のために濫用されているから廃止せよ、と金融界は主張するが、現場でみる限り短期賃借権者のほとんどは正常な賃借権であり、全部廃止するのはゆきすぎである』という記述は、立法妨害になるから削除せよ」

後者の論文は、結局、発表媒体の雑誌に最高裁から働きかけがあったのか掲載されず、この世から抹殺されてしまった。

一介の判事補が、最高裁から名指しで圧力を受けるのは結構きつい。瀬木さんは一五年目にうつを発症されたが、私は一五年もっただろうか（実際は八年で退官）。ただ、裁判官経験者でも、瀬木さんや私のように表現したいことがある人間でなければ、この感覚はわからないかもしれない。

やめてからそれまでいた組織を批判することはいさぎよくない、という批判も『絶望の裁判所』には向けられているが、内部を経験した者が話さなければヴェールの向こうのことはわからないし、わからないまま批判しても的外れになりやすい。貴重な報告だと思う」

若手裁判官に対しては、最高裁判所事務総局は、このように、検閲や発禁処分に等しいことまでやっている。これは、日本国憲法二一条二項違反の行為である。驚くべきことだが、ここでも、裁判所自身が法を犯しているのだ。私に対しては、ある程度実績があったため、この一歩手前のレヴェルにとどめていた。裁判所当局の私に対する干渉、いやがらせなどのうち私が『絶望』に記したのは、全体のうちのごく一部であり、書物の文脈上必然性があり、私自身の例を示すことが適切と思われた場合に限っているのである。

また、前記のような批判のヴァリエーションとしては、「一度は裁判所の中枢に近いところにいた人間に裁判所の批判をする資格があるのか」というものもある。しかし、これについても、結局、「批判の声が上がらず、何も起こらず、人々の期待を裏切る結果になるほうがよい」といっているわけだから、前記と同じ答えを返すことができるだろう。

現在の世界でシステムに対する有効、先鋭な批判を行っている人々のかなりの部分が一度はシステムの中枢に近い部分にいた人々であることを考えるならば、そのことはより明らかだ。右の批判は左翼系のある弁護士によるものだが、『絶望』については左派の人々からも弁護士を含め立場の違いはあれ評価する声や講演依頼等もあるので、こういうことをいう人は左派の中でもさすがに例外に属するものと考えておきたい。

それ以外の批判の数は多くない。また、その大半が、感覚的、感情的、断片的なものである。『絶望』のような書物を批判するには、記述の根拠となっているデータや事実を争う、それらから組み立てられた推論、議論の妥当性、合理性を争う、の二つの方法が基本であり、後者の場合にはより説得力のある別の議論を立てることが望ましいと考えるが、右のような批判に、それをきちんと行っているものはほとんどない。また、こうした批判の多くが、ハンドルネームをも含めた匿名のものである。

最後に、人格攻撃と中傷に終始している一部のインターネット書込みについては、本書冒頭に掲げたエピグラフの言葉がそのまま当てはまるといえよう。

また、『絶望』に対する感想には、書物を評価するものの中にも、「司法の絶望的な状況を知らされても、その解決策は必ずしも早期に実現する可能性が高いとは思われないので、さらに絶望的にならざるをえない」というものも散見された。

これについては、C・ダグラス・ラミス（アメリカ人政治学者、評論家。日本在住）の書物『影の学問、窓の学問』〔加地永都子《かぢえつこ》ほか訳、晶文社〕の序論が、一つの答えを示している。その序論で、著者は、読者に対して、こういう意味のことを問いかける。

「あなたが住んでいる世界は、実は、リアルな世界、一つの惑星ではなく、広大な宇宙船の中に作られた仮想世界である。しかし、誰もそのことは知らない。さて、もしもそれが可能であるとしたら、あなたは、禁じられた領域である宇宙船の窓辺にあえて歩み寄り、広大無辺な虚空の広がりを見、自分がリアルな世界だと思ってきた場所が実は構築された仮想世界にすぎなかったことを知りたいか？　それとも、そんなことは知らないまま安らかに一生を終えたいか？」

著者の答えは、「知りたい」であり、私の答えも同じである。

そこで、私は、数人の賢い後輩たちにこの問いを投げかけてみた。純粋に「知りたい」

という答えは一つもなく、うちの二人は、答えを保留し、一か月くらい後になってから、「やっぱり知らないまま死ぬほうがいいかもしれないと思います」と答えた。私がとうに忘れてしまっていた問いかけを、彼らは忘れていなかったようである。

賢明で考え深い後輩たちのこの迷いはとても興味深い。人間の多くは、「普通の意味でいえば知らないほうが幸せな事実」は知らないですませるほうがいいと思うものなのかもしれない。

しかし、前記の書物で、ラミスは以下のように述べる。

「学問する者は前方にそのどちらがあるかを知らずに、カーテンをあけ外を見ようとする。もしそこに虚無を見るならば、彼は引き返し、人びとに外を見なさい、この世界は虚空のただ中に漂う人工の宇宙船だと分かるでしょうと告げるのだ。そしてもし人びとが、何故このように悲惨な、怖るべき知らせをもたらすのかと問うたら、彼は何と答えるべきか。答えはいくらでもある。自己を認識することで人間は強くなるかもしれない。社会に新しい概念――つまり可能性と共同行動――をうみ出す力となるかもしれない。人びとが真の状況を理解すれば、苦境から抜け出す道も見出せるだろう、少なくとも希望のある方向へ一歩を踏み出せるだろう。このように彼は好きな答えをすればよい。その答えは、当たるかもしれないし、外れるかもしれない。しかしこれらは彼の第一の答えではない。学問をする者として彼はまずこう答えればよいのだ。『なぜなら事実その通りなのだからと』」

ラミスのいうとおり、学者の役割は、まず第一に、「人々に事実、真実を知らせる」ことであろう。それを知らなければ、人々が連帯して適切な行動をとることも、そうすることによって状況を打開することもできないからだ。「学問の自由」が憲法で保障されているのも、たとえば学者のこのような役割を踏まえてのことと考える。ことに社会・人文科学系の学者については、そうした役割を果たすのでなければ、その存在に人々にとってどれほどの意味があるだろうか？

最後に、『絶望』に関する最も厳しい問いかけは、あるインタヴュアーによる次のような質問であった。

「裁判所当局による裁判官支配、統制が徹底した今日、裁判官が個人の矜持《きょうじ》を貫き通すのはかなり難しくなっているように思われます。瀬木さん御自身は、みずからの理想を最後まで貫き通すことがおできになりましたか？」

裁判官をやめてから本を読む時間が増えた。その中には内容や深さに秀でた書物も多数あったが、身につまされるという意味で一番印象に残ったのは、岩明均の漫画『剣の舞』であったかもしれない（『雪の峠・剣の舞』〔講談社〕のあとのほうの作品）。先の問いかけに答えるために、この作品について書いておきたい。

この作品の主人公である剣士は、武士に家族を殺され、手込めにされた農民の少女から、復讐のために剣を教えてくれと頼まれる。

剣士の経験した最後の戦闘の中で少女は復讐を果たすが、自分もまた刺されて果てる。

これを機に師とともに実戦（いわば真剣による人生）を捨て、剣を教える人生（いわば竹刀による人生）に転向しようという剣士に対し、少女の幼なじみである青年が、「剣術など何になる？　城一つ、女一人守れないではないか？」と問いかける。剣士は、その言葉を甘んじて受け、少女との思い出の地を去る。

真剣を竹刀に持ち替えての剣士の最初の他流試合において、師が、彼に、「楽しめ、これは遊びじゃ」と告げる。その「遊び」という言葉が、彼に、みずからは戯れのつもりで始め、次第にそれにのめり込んでいった少女との訓練を思い起こさせる。

そこで、剣士は、実に情けない痛恨の表情を見せるのだが、その後、一瞬のうちに気を取り直し、対戦の際に彼が相手に浴びせるのが常であった「それは悪《あ》しゅうござる」という一声とともに、対手の面に竹刀を叩き込む。

実務は決してきれいごとではない。リアルに描写するなら、むしろ、泥まみれの戦場に近いだろう。そして、そこにおいて「ささやかな正義」を実現するのも、実際には容易なことではない。結局のところ、一人の人間の力では、「城一つ、女一人」守れない、守ることは容易ではない。そういうことなのかもしれない。また、実務は、それに携わる人間たちが、本当は最も大切なことであるはずの「ささやかな正義」を容易に忘れてしまいやすい場所でもある。

私は、裁判官として、『絶望』でも触れたようないくつかの悔いを残す事件（二一九頁以下、二三八頁以下）を除けば、まずまず適切な訴訟指揮、和解、判決を行ってきたと思う。しかし、「おまえは自分が司法にかけた理想を守り切れたのか？」と問われれば、胸を張って守り切ることができたと答えるほどの自信はない。それは、先の剣士が一人の少女の命を守り切れなかったのと、全く同じことである。

先の剣士にとって、竹刀が真剣と何ら変わりのない必殺の武器であったように、私もまた、常に、真剣勝負の気概で、残された時間、研究、教育、各種の執筆に打ち込んでゆきたいと思う。執筆の内容の軽重、ジャンル、対象のいかんにかかわらず、その気概だけは失わないようにしたい。それが、私のせめてもの償いであり、自分自身に対する責任の取り方でもあると考える。

『絶望』に続き、この書物についても、よき伴走者である講談社現代新書出版部の編集者高月順一さんのお世話になった。いつもながらの的確な助言と編集作業に感謝したい。また、本書のうち刑事訴訟法、行政法、憲法等の専門分野関係部分について意見を述べて下さった木谷明さん（元裁判官・法政大学教授〔刑事法〕、現弁護士）を始めとする学者、実務家の方々、同様に原稿の一部について有益な示唆を与えて下さった先輩の中込秀樹さん（元名古屋高裁長官、現弁護士）に、それぞれお礼を申し上げたい。

大部の専門書が書ける内容を、できる限り興味深く、わかりやすく、コンパクトに凝縮していること、また、個々の事柄の背後にひそむ構造的、本質的な問題の究明に主眼があることについては、『絶望』と同様であり、本書は、その意味で、一般読者とともに、法律専門家にも向けられたものである。

二〇一五年一月一日

瀬木　比呂志

N.D.C. 321　317p　18cm
ISBN978-4-06-288297-2

講談社現代新書　2297

ニッポンの裁《さい》判《ばん》

二〇一五年一月二〇日第一刷発行　二〇一五年二月一二日第二刷発行

著者　瀬《せ》木《ぎ》比《ひ》呂《ろ》志《し》　© Hiroshi Segi 2015

発行者　鈴木 哲

発行所　株式会社講談社

東京都文京区音羽二丁目一二—二一　郵便番号一一二—八〇〇一

電話　出版部　〇三—五三九五—三五二一
販売部　〇三—五三九五—五八一七
業務部　〇三—五三九五—三六一五

装幀者　中島英樹

印刷所　凸版印刷株式会社

製本所　株式会社大進堂

定価はカバーに表示してあります　Printed in Japan

「講談社現代新書」の刊行にあたって

教養は万人が身をもって養い創造すべきものであって、一部の専門家の占有物として、ただ一方的に人々の手もとに配布され伝達されうるものではありません。

しかし、不幸にしてわが国の現状では、教養の重要な養いとなるべき書物は、ほとんど講壇からの天下りや単なる解説に終始し、知識技術を真剣に希求する青少年・学生・一般民衆の根本的な疑問や興味は、けっして十分に答えられ、解きほぐされ、手引きされることがありません。万人の内奥から発した真正の教養への芽ばえが、こうして放置され、むなしく滅びさる運命にゆだねられているのです。

このことは、中・高校だけで教育をおわる人々の成長をはばんでいるだけでなく、大学に進んだり、インテリと目されたりする人々の精神力の健康さえもむしばみ、わが国の文化の実質をまことに脆弱なものにしています。単なる博識以上の根強い思索力・判断力、および確かな技術にささえられた教養を必要とする日本の将来にとって、これは真剣に憂慮されなければならない事態であるといわなければなりません。

わたしたちの「講談社現代新書」は、この事態の克服を意図して計画されたものです。これによってわたしたちは、講壇からの天下りでもなく、単なる解説書でもない、もっぱら万人の魂に生ずる初発的かつ根本的な問題をとらえ、掘り起こし、手引きし、しかも最新の知識への展望を万人に確立させる書物を、新しく世の中に送り出したいと念願しています。

わたしたちは、創業以来民衆を対象とする啓蒙の仕事に専心してきた講談社にとって、これこそもっともふさわしい課題であり、伝統ある出版社としての義務でもあると考えているのです。

一九六四年四月　野間省一